释净空教授

中国人民大学客座教授

澳大利亚格里菲斯大学、昆士兰大学荣誉教授

印度尼西亚夏利悉达亚都拉回教州立大学荣誉博士

澳大利亚格里菲斯大学、南昆士兰大学荣誉博士

中华传统伦理道德教育丛书

老人言

●释净空 辑 ●霍煜梅 雷雪敏 注

中国水利水电出版社
www.waterpub.com.cn

内 容 提 要

本书节选了儒释道经典中关于修身齐家治国平天下的名言警句，并对这些句子进行了注释翻译，有助于读者深入学习传统文化的精髓，汲取历史经验和智慧。

图书在版编目（CIP）数据

老人言/释净空辑；霍煜梅，雷雪敏注．—北京：中国水利水电出版社，2011.12（2014.1重印）
（中华传统伦理道德教育丛书）
ISBN 978-7-5084-9322-0

Ⅰ.①老…　Ⅱ.①释…②霍…③雷…　Ⅲ.①人生哲学-通俗读物　Ⅳ.①B821-49

中国版本图书馆CIP数据核字（2011）第273762号

书　　名	中华传统伦理道德教育丛书 **老人言**
作　　者	释净空　辑　　霍煜梅 雷雪敏　注
出版发行	中国水利水电出版社 （北京市海淀区玉渊潭南路1号D座　100038） 网址：www.waterpub.com.cn E-mail：sales@waterpub.com.cn 电话：（010）68367658（发行部）
经　　售	北京科水图书销售中心（零售） 电话：（010）88383994、63202643、68545874 全国各地新华书店和相关出版物销售网点
排　　版	中国水利水电出版社微机排版中心
印　　刷	北京瑞斯通印务发展有限公司
规　　格	145mm×210mm　32开本　4.75印张　88千字　1插页
版　　次	2011年12月第1版　2014年1月第4次印刷
印　　数	18001—20000册
定　　价	**16.00**元

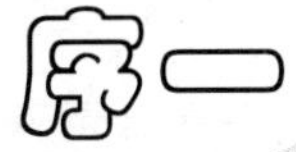

老人言　圣人训

——拜读《老人言》

任登第*

《老人言》是净空老教授亲笔书写的古圣先贤和当代大善知识的名言录，是老人家在耄耋之年献给人类特别是各国政要的一份无量深厚的礼物。《老人言》既是墨宝，又是文言文，实乃“无上甚深微妙法，百千万劫难遭遇”，为了解其真实义，我们将其原文以及有关注释结集出版，供大家学习。希望大家，尤其是各级领导干部怀着无限感恩和诚敬之心认真学习，切实力行，同心同德，为建设中国特色社会主义、为早日实现中国人日夜向往的大同世界奉献终身。

《老人言》主要选自集中国传统文化精粹之大成的《诸子治要》（即《国学治要》）和《群书治要》。这两部书是中国传统文化的结晶，是自唐宋以来历代明君修身治国平天下的宝库。净空老教授发现这两部旷世奇书以后，各印一万套，作为礼物赠送。他满怀深情地对记者说：“我要送从政的志士仁人，这是治国平天下的道理，希望他们多学老祖宗，把政治愈办愈好，人民就有福。”他还豪迈地说：“还要赠送世界主要的大学、图书馆，希望我们国家的文化，能给全世界带来安定和平。”（中国香港《大公报》热点人物专访：《净空：法无本相，弘之在人》）老人家无量热爱中国传统文化、无限忠诚于祖国的赤子之心溢于言表。尤其令人敬

---

* 本文作者为中共中央党校教授。

佩的是，为了便于大家学习，老人家在读经讲经之余，不辞辛劳，潜入经典，选录精粹，挥毫疾书，一气呵成《老人言》，真正是大慈大悲到了极致。

《老人言》辑录了圣贤名句118条，条条是修身治国平天下的至德要道，能救中国，亦能救世界，谁学谁受益，早学早受益。

《老人言》的第一条是全书的纲要。这一条说：

“劫由业成，业由心生。欲回劫运，须正人心。世风未转，劫运难回。苦因不拔，苦果难出。”

这一条一针见血地揭示了人类面临的劫难及其成因和克服之法。当前，人类面临着生态危机、社会危机和心灵危机，天灾人祸连绵不断，而且越来越严重，更大的灾难还在后头。这是真的，不是假的，只能面对，不能回避。那么，这些危机和灾难是怎样形成和产生的呢？《老人言》劈头第一条告诉我们，这些劫难都是由世人的共业，就是大家的恶言恶行造成的。“相由心生，境随心转。”这些共业又来源于人们的不善之心，就是自私自利。要减少或者化解这场劫难，政治不能解决，经济也不能解决，科技也不能解决，军事更不能解决，但教育可以解决。必须对世人进行中国传统文化的教育，克服人们的自私自利性，断恶修善，积功累德，以端正人心，转变世风，拔掉苦因，恢复人们的本性本善。除此之外，别无他法。

中国传统教育首先强调扎根教育，就是用儒家的《弟子规》、道家的《太上感应篇》和释家的《十善业道经》对大众进行德行教育。《老人言》更把因果教育放在首位，具有特别重要的意义。这一条指出：“善恶报应，祸福相承。身自当之，无谁代者。五恶五痛，譬如大火，焚烧人身。敢有犯此，当历恶趣。”

因果规律是宇宙发展的根本规律，与天地俱生而来，人在世间不能不明因果。古圣先贤早就告诫我们：人人信因果，天下大治之道也；人人不信因果，天下大乱之道也。

种豆得豆，种瓜得瓜，童叟皆知。善有善报，恶有恶报；积善之家必有余庆，积不善之家必有余殃，比比皆是。不管什么人做什么事，都要受因果规律的制约，躲不过，逃不了。恶人做恶事，尽管能侥幸逃过法律的惩处，绝对逃不过因果规律的惩罚。正所谓"天网恢恢，疏而不漏。"这是永恒不变的真理。中国古圣先贤一向重视伦理、道德与因果教育，并且特别注重因果教育。伦理道德教育使人存好心、做好人，耻于作恶，羞于作恶；因果教育则使人一心行善，不敢作恶。《老人言》紧接全文总纲，把因果教育作为全书的指导思想，一是对人们的爱心警示，二是启迪人们广修善因，广做善事，其用心之良苦，用意之深邃，真正到了无以复加的地步。

从第三条开始，《老人言》分别论述修身治国平天下、救国救民救地球的道理。

为了从根本上减少和化解劫难，《老人言》提出了在全球开展"明明德"教育以及先从本国抓起的主张。

儒家经典《大学》指出："古之欲明明德于天下者，先治其国。"这既是治国之道，也是平天下之道。平者，平等也，公平也，和平也。所谓平天下就是建立一个平等公平和平的世界，也就是和谐世界。所谓明德是指人的本性本善之心，明明德就是恢复人的本性本善之心。就天下而言，明明德者，就是使明德明于天下，恢复天下人的本性本善，以达到天下之平治，即平天下也。而欲达到此目的，必须先在本国"明明德"，就是说，首先把自己的国家治理好。这一条指出：

太公曰："天有时，地有财，能与人共之者，仁也。仁之所在，天下归之。"与此同时，这一条相继提出德之所在、义之所在、道之所在，天下归之的原理。这就是说，以仁义道德立国，为全世界树立一个"明明德"的光辉榜样，使"天下归之"，天下就太平了。这是就国际关系而言的。实际上，"仁之所在，天下归之”，等等，含有更加深刻的意义。我们知道，人与宇宙万物是一体的，人人以仁义道德立身，国国以仁义道德立国，就一定会身心和谐，家庭和谐，社会和谐，世界和谐，整个地球就变成人间的极乐世界，什么灾难也就没有了。

在全国和全球开展“明明德”教育，任务艰巨，谁能担当此重任？当然是执政者。《老人言》指出：“太公曰：君不肖则国危民乱，君贤圣则国家安而天下治。”“祸福在君，不在天时。”这是颠扑不破的客观真理。人类社会以群居见称，从族群到国家，每个社会都由领导者和被领导者，即天子和庶人组成。每个社会的盛衰荣辱皆赖于最高领导者。而天子的德行状况，又是决定因素。正如《老人言》所说：“太公曰：义胜欲则昌，欲胜义则亡。敬胜怠则吉，怠胜敬则灭。故义胜怠者王，怠胜敬者亡。”

为了引起各国政要重视自己对社会和国家命运所起的决定性作用，《老人言》列举大量古圣先贤的明训，反复论证，谆谆教诲各国政要行仁政，弃暴政，特别指出：“礼义廉耻，国之四维。四维张，则君令行；四维不张，国乃灭亡。政之所兴，在顺民心；政之所废，在逆民心。”

净空老教授在《老人言》中，不仅选录了古圣先贤治国平天下的理论和方法，还选录了孔老夫子关于“大同”与“小康”的论述，作为治国平天下的榜样。在中国历史上，曾经出现过“大同社会”和“小康社会”。“大同社会”是尧、舜、禹圣王领导的社会，是公天下的社会。“小康社会”是商汤、文、武、成王、周公领导和辅佐的社会，是家天下的社会。这两个社会，一公一私，都是以仁义道德为治国方略，社会一直是风调雨顺，政通人和。周秦汉唐以至清朝末年，中国一直是家天下社会，改朝换代不断发生。新朝骤起，奉行“建国君民，教学为先”的古训，十分重视用中国传统文化教育满朝文武以及庶民百姓，历朝历代出现不少名将名臣明君，甚至出现大大小小的盛世。后来之所以衰亡，完全是由于末代皇帝数典忘祖，离经叛道，丢弃中国传统文化，导致家破国亡。这就清楚地说明：中国传统文化是治国平天下的法宝，用之者昌，弃之者亡；用之者国治天下平，弃之者国亡天下乱，灾厉四起，人民遭殃。历史证明，要建立和谐社会与和谐世界，必须依靠中国传统文化，充分发挥中国传统文化的教化作用。

《大学》指出："身修而后家齐，家齐而后国治，国治而后天下平。"这里的关键是修身，特别是主要领导者的修身更带有关键性。《老人言》第 27 条指出："君子养心，莫善于诚。致诚无他，唯仁之守，唯义之行。诚心守仁则能化，诚心行义则能变，变化代兴，谓之天德。"第 28 条指出："夫诚者，君子之守，而政事之本也。"

《大学》提出了修身的次第，就是正心、诚意、致知、格物，指出："物格而后知至，知至而后意诚，意诚而后心正，心正而后身修。"这里的核心是格物。对于格物历来有不同的理解。《老人言》第一次对于格物下了一个准确明快的定义，指出，格物就是革除物欲，就是放下自私自利、名闻利养、五欲六尘、贪瞋痴慢。这一定义给人们指明了修身的要害，就是只有革除自私自利等这四大祸害，才能做到知至、意诚、心正，从而达到修身的目的。

值得特别赞叹的是，老教授不仅选录大量古圣先贤关于修身治国平天下的至理名言，启迪各国政要运用中国传统文化治理好自己的国家，以达到天下太平，而且还选录了培养接班人和胎教的古训，其泛爱众之心，感人肺腑。

净空老教授在讲经说法中，盛赞释迦牟尼佛和孔老夫子"述而不作，信而好古"的治学之道，他自己也是如此身体力行。《老人言》就是鲜活的例子。老教授经常说，现在决定各国命运的有两种人，一种是国家领导人，另一种是媒体人。《老人言》，圣人训。老教授挥毫疾书《老人言》，正是借古人之言抒发宏愿，寄希望于各国领导人，不辱使命，像中国圣哲教导的那样，读书志在圣贤，“为天地立心，为生民立命，为往圣继绝学，为万世开太平。”果能如此，则国家之幸，人民之幸，人类之幸，地球之幸，也是自己和家人之幸，何乐而不为？何乐而不早为？

2011 年 3 月 1 日

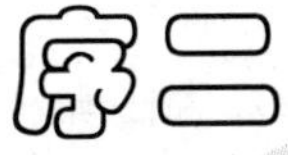

拜读《老人言》

郭齐家*

一、弘扬中华文化，建设中华民族共有精神家园

胡锦涛总书记在党的十七大报告中指出：“弘扬中华文化，建设中华民族共有精神家园”。认为“中华文化是中华民族生生不息、团结奋进的不竭动力”。这同党的十四大到十六大精神既一脉相承而又与时俱进。党的十七大鲜明地提出了“提高国家文化软实力”，强调在中华民族伟大复兴中“弘扬中华文化”的战略意义。

胡锦涛总书记在美国耶鲁大学的演讲中指出，中华文明是世界古代文明中始终没有中断、连续五千多年发展至今的文明。中华民族在漫长历史发展中形成的独具特色的文化传统，深深地影响了古代中国，也深深地影响着当代中国。现在强调的以人为本、与时俱进、社会和谐、和平发展，既有中华文明的深厚根基，又体现了时代发展的进步精神。科学发展的理念，是在总结中国现代化建设经验、顺应时代潮流的基础上提出来的，也是在继承中华民族优秀文化传统的基础上提出来的。

温家宝总理在美国哈佛大学的演讲中指出，中华民族的祖先曾追求这样一种境界：“为天地立心，为生民立命，为往圣继绝学，为万世开太平。”今天，人类正处在社会急剧大变动的时代，回溯源头，传承命脉，相互学习，开拓创新，是各国弘扬本民族

---

* 本文作者为中华孔子学会副会长、北京师范大学博士生导师。

优秀文化的明智选择。

我记得胡锦涛总书记曾给全国妇联题辞："干干净净为国家和人民工作；培养健康情趣，营造平等家风。"温家宝总理也曾题辞："教育是民生之基，健康是民生之本，分配是民生之源，保障是民生之安。"胡锦涛、温家宝等中央领导在发生全国重大灾难之时，总是在第一时间赶到灾区，亲临前线指挥救灾，慰问灾民，鼓励斗志。最近几年春节期间，总是远离北京，去农村、山区及中小城镇给普通民众拜年，与民同乐，形成一股浓烈的民族亲情，凝聚着一股祥和之气，令人感动。所有这些，都使全国人民以及海内外侨胞备受鼓舞。

构建社会主义和谐社会，需要政治、经济、文化和社会的协调发展，需要从中央到地方各级领导与全国广大民众和谐一致的行动，弘扬中华民族的传统精神和崇高道德。历史和现实证明：任何民族文化的断裂，必然导致这个民族的衰退，而民族的振兴，始于文化的复兴。我们的伟大祖先创造了辉煌灿烂的中华文化，我们要继承和弘扬祖先的光荣传统，在优秀文化的传承基础上，不断创造出新的先进的中华文化，才能实现我们梦寐以求的强国之梦。

二、从文景之治、贞观之治到实现中华民族的伟大复兴

2008 年 6 月国际儒学联合会叶选平会长在广州主持召开了"第二次儒学普及工作座谈会"，在这次大会上，我聆听了一位饱经风霜、饱读经书、德高望重、年逾八旬的净空大善知识的报告——《中华传统的家与家道》，老人家说："国家主席胡锦涛先生提出'弘扬中华文化，建设中华民族共有精神家园'、'构建和谐社会、和谐世界'，所以我要讲'齐家、治国、平天下'，其根本就是如何'齐家'，'齐家'就是要有家道、家风、家学和家业。我们只有从自己做起，努力恢复中华传统文化，将'家'的理念重新定义，用道义重建我们的家园，让新'家'成为我们一生的依靠和为之奋斗的目标，以这样的原点扩大到社会，乃至于世界，这样恢复中国‘家’的精神和功能，世界和平才真正有可能达到”。

最近我又有幸读到这位慈眉善目的老人用毛笔手抄的一本《老人言》。拳拳之心，力透纸背。所谓《老人言》即从中华优秀传统文化典籍中精选的语录，这是一本重要的中华民族文化和历史的教科书！一个民族的历史和体现民族精神的优秀传统文化与优良传统道德应视为治国者的教材，因为它直接关系到天下兴亡、民族存灭！

《老人言》内容广泛而丰富，首先我读到的是先秦重要文献《六韬》的精华。《六韬》在中国古代政治、军事、哲学上都有着重要的地位，它曾盛行于两汉、隋唐和北宋。太公望，西周初人，姜姓、吕氏、名尚，相传钓于渭滨，周文王出猎相遇，与语大悦，同载而归，说：“吾太公望子久矣！”因号为太公望，立为师。武王即位，尊为师尚父。辅佐武王灭殷，周朝既建，封于齐，为齐国始祖。《六韬》为后世之作，一段时间人们误认为是“伪书”，遭到冷遇。1972 年在山东临沂出土的《六韬》竹简和 1973 年在河北定县出土的《太公》竹简，推倒了《六韬》为伪书的旧案。根据出土竹简提供的事实，证明这本书虽不是太公吕望自著，但又非伪托，而是后人“通其学者述旧闻而著于竹帛”，一方面“述旧闻”，整理了有关太公的传闻；同时又渗透了“缀辑”者的思想观点，反映了“缀辑”者所处的时代特点。最后成书大约在战国初期到战国中期之间。司马迁在《史记》中载黄石公把《太公兵法》作为秘本传授给张良，《六韬》即为《太公兵法》，是一书异称（见张雪庵《古书同名异称举要》），说明《六韬》虽成书于战国中期以前，但当时流传不广，至秦末仍是人所罕见。自从张良得《太公兵法》之后，成为“王者师”，《六韬》也随之名声大震。“良数以《太公兵法》说沛公，沛公善之，常用其策”（《史记·留侯世家》)，进而影响并促进了汉初的“文景之治”，从而盛行于两汉。《六韬》在两汉时期与《孙子》、《左传》、《国语》等书齐名，成为社会各界人士必读之书。及至唐代，魏征在唐太宗的授意下，为唐太宗及皇家子孙编纂必读书《群书治要》，又汇集了《六韬》的主要精华，使之盛行于唐代，促进了“贞观之治”及“开元之治”。

唐代的颜师古说，《六韬》“盖言取天下及军旅之事”。所谓“取天下”则指社会政治思想，“军旅之事”指的是军事思想。《六韬》一书大致包括这两方面的内容。所谓“取天下”即实现政治上思想上的统一，这是战国时期社会政治生活的中心课题。各诸侯国为了“取天下”，无不求助和吸取天下名士为之出谋划策，而当时已经成长、发展起来的“士”阶层，适应这种需要，纷纷著书立说，“言治乱之世，以干世主”(《史记·孟子荀卿列传》)，从而形成了不同的学派，而各个学派又都以“取天下”为己任。《六韬》的作者是精通西周初年太公吕望的基本思想，又结合西周以来的历史演变及春秋战国时期诸子百家的种种言论，集众家之长，建立了具有自己特点的完整的社会政治思想体系，为汉唐盛世提供了丰富的思想资源，为中国古代政治、社会、哲学、军事思想积累了宝贵的资料，传承下来，从而也为我们今天实现中华民族的伟大复兴提供借鉴。

三、“天下非一人之天下，唯有道者得天下也”

春秋战国时期，在政治思想领域里出现了“以民为本”的“重民”思潮。这种思潮认为，人民是构成国家不可缺少的因素，一个政权能否维持和巩固，关键在于是否得到人民的拥护。孟子说：“诸侯之宝三：土地、人民、政事”，指出“民贵君轻”，甚至主张君主可以“变置”(《孟子·尽心下》)。《六韬》一方面继承并吸取了春秋以来的“重民”思想，认为工、农、商是国家的支柱：“大农、大工、大商，谓之三宝”，“三宝全，则国安”；同时又为这种民本主义思想提供了理论上的依据："天下者非一人之天下，乃天下人之天下也"，"天下者非一人之天下，唯有道者处之"，"天下者非一人之天下也，莫常有之，唯有道者取之"，"天下非一人之天下，唯有道者得天下也"。这就从根本上回答了"民"为什么是"本"以及"君主"为什么可以"变置"的问题。

《六韬》认为，天下属于人民所有，因此"取天下"必须得到人民的拥护，而要取得人民的拥护，又必须做到政治上的"有道"。既然天下是天下人之天下，所以只有与天下人同其利，才是"有道"的政治。所以它说："同天下之利者，则得天下。擅天下之利者，则失天下。天有时，地有财，能与人共之者，仁也。仁之所在，天下归之。免人之死，解人之难，救人之患，济人之急者，德也。德之所在，天下归之。与人同忧同乐，同好同恶者，义也。义之所在，天下赴之。凡人恶死而乐生，好德而归利，能生利者，道也。道之所在，天下归之。"

《六韬》吸取了儒家"仁义"的概念，并且提出了"国之大务"在于"爱民"。主张仁义与民众之利的统一，民众的利是仁义的内容和目的，离开了利民富民也就谈不上什么仁义，"人君必从事于富，不富无以为仁"，即把国家人民的富放在重要地位，"万民富乐而无饥寒之色"，民富则仁义自兴，富民是实行仁义的基础，是治国的根本。

由《六韬》首先提出的"天下者非一人之天下，乃天下人之天下"的命题，可以说是中国先秦时期政治思想中最富有民主色彩的光辉思想。《吕氏春秋》说："天下非一人之天下，天下之天下也"，从而主张"废其非君，而立其行君道者"（《吕氏春秋·恃君》）。贾谊说："故天下者，非一家之有也，唯有道者理之，唯有道者纪之，唯有道者使之，唯有道者宜处而久之"（《新书·修语下》）。魏征在其所编的《群书治要》一书中，对《六韬》的"天下者非一人之天下"的话，共摘引了三处，用以告诫唐太宗。唐太宗也说：“天子者，有道则人推而为主，无道则人弃而不用。”（《贞观政要·论政体》）黄宗羲提出，贤君明主的标志是“不以一己之利为利，而使天下受其利”（《明夷待访录·原君》）。这说明历史上许多政治家、思想家都从《六韬》的这一光辉的命题中吸取了充分的营养，其影响十分深远，真是饱含着真理的《老人言》！

四、领导者“无为而治”，清净寡欲，“善与而不争”

《六韬》认为，自然界的变化及其生成万物，是按照自然本身的规律，“天生四时，地生万物”，“春道生，万物荣；夏道长，万物成；秋道敛，万物盈；冬道藏，万物静”，“何忧何啬，万物皆得；何啬何忧，万物皆遒”，“天无为而成事”，是自然无为的过程。因此人类社会应该效法自然，“圣人配之以为天地经纪”，“圣人守此而万物化”，实行“无为而治”。这是吸取了道家《老子》的思想，黄老学说与《六韬》思想都对西汉初年的“文景之治”起到积极的促进作用。

《六韬》在总结历史上统治者被人民推翻的经验教训中，看到了统治者“好财利，巧夺万民”、骄奢淫佚所造成的严重后果，因此把“无为”的内容规定为统治者不与民争利，即所谓“善与而不争。”什么是“善与”？“薄赋敛，则与之”，轻徭薄赋即是“善与”。实行这种政策的结果，便是“民无与而自富”。由于“无取民者，民利之”，减轻了赋役，在某种程度上满足了人民的物质利益的要求，便争得了人心，这就叫做“无取于民者，取民者也”，从而实现了“从无取于民”到“取民”的转化。

能否实现“善与”的政策，关键在于统治者不与民争利，做到清净寡欲：“圣人务静之，贤人务正之。愚人不能正，故与人争。上劳则刑繁，刑繁则民忧，民忧则流亡。上下不安其生，累世不休，命之曰大失”。所谓“静之”，即指君主要克制自己的欲望，清净寡欲，“削心约志，从事乎无为”，具体地说：“金银珠宝不饰，锦绣文绮不衣，奇怪珍异不视，玩好之宝不器，淫佚之乐不听，宫垣屋室不垩”。只有如此，才能不与民争利，“其自奉也甚薄，其赋役也甚寡”，实行无为而治，“万民富乐而无饥寒之色”。

《六韬》把“无为”规定为领导者的清净寡欲，不与民争利，遵照客观规律，不要瞎指挥，安民而不扰民。这对汉唐盛世是有深刻影响的。西汉初实行清净无为、与民休息的政策，使政治上得到了安定，经济上得到了恢复和发展，这与《六韬》“无为而治”的思想是息息相关的。《六韬》在两汉盛行，正是由于它为当时的政治提供了理论上的依据，直接促进了汉初的“文景之治”。唐代之所以出现“贞观之治”，其原因之一，是当时的领导人认识到政权的巩固取决于人心的向背，从而采取了一些措施，在某种程度上防止了领导者的骄奢。例如魏征说：“人主诚能见可欲则思知足，将兴缮则思知止，处高位则思谦降，临满盈则思挹损，迂逸乐则思撙节，在宴安则思后患，固可以无为而治。”（《资治通鉴》太宗贞观十一年）唐太宗临终之际，告诫皇太子说：“吾居位以来，不善多矣，锦绣珠玉不绝于前，宫室台榭屡有兴作，犬马鹰隼无远不致，行游四方，供顿烦劳，此皆吾之深过，勿以为是而法之。骄惰奢纵，则一身不保。”（《资治通鉴》太宗贞观二十一年）魏征和唐太宗的这些话，不仅与《六韬》的思想一脉相承，某些词句甚至极为相似，这也说明《六韬》关于“无为而治”的思想，在中国古代历史上产生过深刻的影响，真是饱含着智慧的《老人言》！

五、严格依法行事，“杀贵大，赏贵小”

《六韬》重视法治，把能否实行法治视为关系国家存亡的重大问题，“文王问太公曰：愿闻治国之所贵？太公曰：贵法令之必行。必行则治道通，通则民大利，大利则君德彰矣。君不法天地而随世俗之所善以为法，故令出必乱，乱则复更为法，是以法令数变，则群邪成俗而君沉于世，是以国不免危亡矣。”

《六韬》认为“不法法”是“国之大失”；“不法法则令不行，令不行则主威伤；不法法则邪不止，邪不止则祸乱起；不法法则刑妄行，刑妄行则赏无功；不法法则国昏乱，国昏乱则臣为变；不法法则水旱发，水旱发则万民病；君不悟则兵革起，兵革起则失天下”。

它从正反两个方面反复论证了实行法治的重要性。其中特别强调了“不法法”的危害，之所以如此，是因为战国以来，多数国家都公布了成文法，当时的问题已经不在于是否实行法治，而在于有了法是否能依法行事。当时“不法法”的情况是复杂的，如有“民不事农桑，任气游侠，犯历法禁”；或有官吏不“忠正奉法”“暴虐残贼，败法乱刑”；或有“法政阿宗族”，执法屈从于权贵者等等，而以最高统治者的“不法法”危害最大，因为君主“爱专制而擅令”，常“以私善害公法”，从而导致亡国的危险。《六韬》主张不论君臣上下，贫富贵贱，都要以“公法”为准绳。“贤君治国不以私害公，赏不加于无功，罚不加于无罪，法不废于仇雠，不避于所爱，不因怒以诛，不因喜以赏。”反对君主以个人的喜怒爱恶破坏公法。

《六韬》认为，推行法治的重要手段是行赏罚，“以罚审为禁止而令行”。“赏所以存劝，罚所以示惩”，全在于诚信，“凡用赏者，贵信；用罚者，贵必；赏信劝罚必于耳目之所闻见，则所不闻见者，莫不阴化矣”，这样便可达到“赏一以劝百，罚一以惩众”的目的。它还提出了一条“杀贵大、赏贵小”的原则。所谓大，系指权贵而言，因为法之不行，主要受挠于权贵，“杀及当路贵重之臣，是刑上极也”，只有这样，才能“杀一人而三军震”；所谓小，系指社会的最底层，当他们有功当赏时，由于社会地位低下，遭到忽视，因此要“赏及牛竖马洗厩养之徒，是赏下通也”，只有这样，才能“赏一人而万人悦”。显然这里，《六韬》吸取了先秦时期法家的思想，如“刑过不避大臣，赏善不遗匹夫”，不过《六韬》用“杀贵大，赏贵小”这样有强烈反差的语言，突出了赏罚的重点之所在，这对于推行法治是有重大意义的。历史证明，凡是真正按照这一原则做的，法治就能得以贯彻。后人曾称赞诸葛亮说：“赏不遗远，罚不阿近，爵不可以无功取，刑不可以贵势免，此孔明所以能令贤愚佥其身也。”（《武经七书汇解·赏罚篇》）从这里也可以看出诸葛亮之所以重视《六韬》的原因了。

《六韬》在主张以法治国的同时，又不排斥儒家的仁义思想，并把“爱民”视为实行法治的前提，主张“害民者有罪”，这样就把以法治国与以德治国两种思想协调在一起。汉以后曾实行过王霸并用、外儒内法的政策，固然是对秦王朝灭亡的教训的总结，但从思想发展史的角度来看，《六韬》已经提出了这样的主张，《六韬》受到汉唐盛世的重视，绝非偶然，是有其历史必然性的，真是充满着辩证法的《老人言》!

六、用人的标准及如何考察和识别“贤与不肖”

《六韬》重视尚贤、举贤，认为这是一个关系到国家政权存亡的关键问题，不能不给予高度重视。“文王问太公曰：君国主民者，其所以失之者何也？太公曰：不慎所与也。”

何谓“不慎所与”？宋人解释说：“此章‘不慎所与’一句最重，诸葛武侯曰：‘亲君子，远小人，此先汉所以兴隆也；亲小人，远贤臣，此后汉所以倾颓也’。世有与非其人而国不失者乎？”有国则有守，欲守国必先求得与我守国之人，这即“所与”的问题。如果能够“上贤下不肖”、“修德以下贤”，则能“王天下”；反之，“不慎所与”，用人失当，“贤人逃隐于山林，小人任大职，无功而爵，无德而贵，专恣倡乐，男女昏乱，不恤万民，违阴阳之气，忠谏不听，信用邪佞，此亡国之君治国也”。必定失掉人民和国家。所以《六韬》论述的重点不在举贤的重要性，而是用人标准以及如何考察识别的问题。

关于用人标准问题。"文王问太公曰：王人者何上何下？何取何去？何禁何止？太公曰：上贤下不肖，取诚信，去诈伪，禁暴乱，止奢侈"。太公作了原则性的回答，重在去奸锄恶。因为在社会动乱时期，鱼目混杂，"下不肖"的问题便显得更加迫切。《六韬》用人的着眼点放在有利于国家政权的巩固和经济的发展，同时又十分注意道德思想品质和作风，这不仅在当时，而且对后世直到现在也都有一定的指导意义。

关于如何考察和识别"贤与不肖"。"文王问太公曰：君务举贤，而不获其功，世乱愈甚，以致危亡者，何也？太公曰：举贤而不用，是有举贤之名，而无用贤之实也。文王曰：其失安在？太公曰：其失在君好用世俗之所誉，而不得真贤也。"之所以有举贤之名而无举贤之实，是因为不能正确区别"贤与不肖"。它特别强调，不能以世俗之毁誉为标准去选拔人才，因为"以世俗之所誉者为贤，以世俗之所毁者为不肖，则多党者进，少党者退，若是则群邪比周而蔽贤，忠臣死于无罪，奸臣以虚誉取爵位，是以世乱愈甚，而国不免于危亡"。因此，必须有一个客观的标准和考察的手段。譬如："将相分职，而各以官名举人，按名督实，选才考能，令实当其名，名当其实，则得举贤之道也"。"举贤之道"的要点是"按名督实"。"名"指官职以及这官职的职能、任务，"按名"就是根据官职规定的任务去选拔人才，而被选中担任某种官职的人及其工作情况，被称为"实"。考察其名实是否相符，就是"按名督实"，这一套办法主要是为了解决"举贤之道"，即解决选拔和考察人才，这对后世有深远的影响，真是具有深远意义的《老人言》！

七、"人类要生存下去，就必须回到 25 个世纪以前去吸取孔子的智慧"

《老人言》内容丰富而精辟，除《六韬》外，还包容了《孟子》、《荀子》、《礼记》、《易经》、《易传》、《管子》以及佛经等，体现了以儒家思想为主体的中华民族传统文化的博大精深，其中一些治国理念、社会管理经验与智慧，现在读起来，真是发聋振聩，震撼人心，扣人心弦，发人深省。

当代著名的英国历史学家汤因比（《老人言》中为：汤恩比。特此说明。）说："自从人类在大自然中心地位处于优势以来，人类的生存没有比今天再危险的时代了，不道德程度已近似悲剧，而且社会管理也很糟糕。"他认为解决21世纪社会问题，唯有中国的孔孟学说与大乘佛法。（《展望21世纪——汤因比与池田大作对话录》，国际文化出版社出版公司，1985年版）

西方75位诺贝尔奖金获得者1988年在巴黎集会，在新闻发布会上最精彩的是汉内斯·阿尔文博士（瑞典人，1970年诺贝尔物理学奖获得者）的发言。他在其等离子物理学研究领域的辉煌生涯将近结束时，得出了如下结论："人类要生存下去，就必须回到25个世纪以前去吸取孔子的智慧"。（1988年1月14日《堪培拉时报》，《诺贝尔奖获得者说要吸取孔子的智慧》，作者：帕特里克·曼汉姆）

儒家的恕道（己所不欲，勿施于人）和仁道（己欲立而立人，己欲达而达人）可以作为全球伦理的基本原则，这是在人类文明对话年（2001年）由时任联合国秘书长科菲·安南所主持的一个世界知名人士小组会中，瑞士神学家孔汉思所提出的。

北京保利博物馆里展示着一个古代器皿，在器皿上共有98个字的铭文中，"德"字出现了六次，说明了"德"字跟治国的观念在3000多年前就已经非常重要了。而且，几千年来，"道法自然，以德治国。"已经成了中华民族文化的轴心，具有深远的意义，它极大地强健了中华民族文化的韧性。

《老人言》告诉我们：人类大家庭，以和平与宽恕相待，才能共存共荣，和平在自己内心里。唯有爱好中国传统文化，才有幸福人生。唯有爱好和平，才能带来和平。古今中外，大圣大贤的教诲，才是人类亿万代生存幸福之根基，才是社会、国家、世界永恒长治久安之大道，不可不知也。

湖南长沙岳麓书院有一副对联，上联讲的是“修已”：“是非审之于己，毁誉听之于人，得失安之于数，陟岳麓峰头，朗月清风，太极悠然可会”；下联讲的是“安人”：“君亲恩何以酬，民物命何以立，圣贤道何以传，登赫曦台上，衡云湘水，斯文定有攸归”。

《大学》云：“自天子以至于庶人，壹是皆以修身为本，其本乱而末治者否矣”。如果我们从中央到地方各级领导和各族广大民众都能读懂并身体力行《大学》中的修己安人之道以及岳麓书院这一对联，都能深入领会《老人言》的真谛，那么我们中华民族的凝聚力、向心力、软实力则会大大地增长，有利于建设中华民族共有精神家园，有利于实现中华民族的伟大复兴，真是具有普世价值的《老人言》！

现在我们人类除面临环境污染、生态失衡、资源枯竭、财富浪费等外部危机外，还面临着深刻的人性异化、精神下陷、意义丧失、生命迷茫的内部危机。科学累积的成果愈多，人心愈向外贪婪奔驰，工具理性和技术统治愈强大压抑，生命意义及精神自由的空间愈狭小。人在现代化的过程中，感到的却是自我的“物化”。如何从高瞻远瞩的角度使人一念觉悟，从根本上关怀人的生命本质及具体成长呢？重新回到富有生机的文化历史传统，走向人类精神生命的深层，挖掘能够净化人性的人文历史资源，建构有利于每一个体生命全面成长的现代文化教育，在合乎人性、人道的前提下，创造 21 世纪的历史，从而回应现代人类面临的问题，应该说中国历史文化传统中的人文精神在这方面是可以有所作为的，从《老人言》到儒、道、释经典著作，所表达的真思想、真精神，所表达的古圣先贤的德行智慧在这方面是可以有所作为的。

今天在铺天盖地的西方文化包围之下，我们已经失去了水的清澈和天的湛蓝，也没有了如颦似黛的远山和旖旎多情的湖水，草木已经失去了传情解意的灵性，山水也不再有那种饱含诗情画意的温馨。这便是盲目追求西化、过分追求经济发展的急功近利所带来的恶果。从我们自己的传统文明中去寻找智慧资源，用传统的儒、道、释精神所成就的生命情趣，去矫正由于城市生活喧嚣和污秽所给人们带来的生命焦虑，从而创造出一种与西方现代文明有别的新型文明的生活方式，这或许是我们民族复兴的一次难得的机遇，因为只有对人类的文明进步有所贡献，我们才有可能恢复自己在世界民族之林的地位，而我们对人类文明的贡献便有可能从对西方现代化进程中所出现的某些弊端的矫正入手。

让我们心平气和地坐下来，以感恩心、恭敬心、敬畏心真诚地做古代先圣先贤的小学生，从《老人言》入手，逐步步入儒、道、释的文化殿堂，去寻找、去体悟我们民族文明发展的动力和精神资源，这是我们今天制度创新和文化重建的必由之路，也是实现我们中华民族伟大复兴的必由之路。

最后我们要真诚地感恩老法师的开示，让我们心明眼亮。他老人家还提醒我们："和谐世界，从心开始"；"心净国土净，心安众生安，心平天下平"；"生活在感恩的世界：感激斥责你的人，因为他助长了你的定慧；感激绊倒你的人，因为他强化了你的能力；感激遗弃你的人，因为他教导了你应自立；感激鞭打你的人，因为他消除了你的业障；感激欺骗你的人，因为他增进了你的见识；感激伤害你的人，因为他磨炼了你的心志；感激所有使你坚定成就的人。"明白了这些道理，我们就懂得了人生，明白了因果，进而体悟到《老人言》的意义和价值。

"落红不是无情物，化作春泥更护花。"（龚自珍）"白头到此同休戚，青史凭谁定是非。"（林则徐）。让我们炎黄子孙以这样的态度与胸襟去领悟和把握《老人言》中的智慧，去迎接和应对形形色色的考验。这样，我们才能在未来持久的、残酷的大国博弈中立于不败之地。善哉！善哉！

2011 年 3 月 20 日

目　　录

老　人　言

释净空

◎劫由业成，业由心生。欲回劫运，须正人心。世风未转，劫运难回。苦因不拔，苦果难出。

◎经云：天地之间，五道分明。善恶报应，祸福相承。身自当之，无谁代者。五恶五痛，譬如大火，焚烧人身。敢有犯此，当历恶趣，痛哉可伤。

◎太公曰："天有时，地有财，能与人共之者，仁也。仁之所在，天下归之。免人之死，解人之难，救人之患，济人之急者，德也。德之所在，天下归之。与人同忧同乐，同好同恶者，义也。义之所在，天下归之。凡人乐生而恶死，好得而归利。能生利者，道也。道之所在，天下归之。"

◎太公曰："君不肖，则国危而民乱；君贤圣，则国家安而天下治。祸福在君，不在天时。"

◎善为国者，御民如父母之爱子，如兄之慈弟也。见之饥寒，则为之哀；见之劳苦，则为之悲。

◎上贤下不肖，取诚信，去诈伪，禁暴乱，止奢侈。

◎贤君之治国，其政平，吏不苛；其赋敛节，其自奉薄；不以私善害公法，赏赐不加于无功，刑罚不施于无罪；害民者有罪，进贤者有赏；官无腐蠹之藏，国无流饿之民。

◎君以世俗之所誉者为贤智，以世俗之所毁者为不肖，则多党者进，少党者退，是以群邪比周而蔽贤，忠臣死于无罪，邪臣以虚誉取爵位，是以世乱愈甚，故其国不免于危亡。

◎人君有六守三宝。六守者，仁、义、忠、信、勇、谋；三宝者，大农、大工、大商。六守长则国昌，三宝完则国安。

◎太公曰：“义胜欲则昌，欲胜义则亡。敬胜怠则吉，怠胜敬则灭。故义胜怠者王，怠胜敬者亡。”

◎无伦常，无贵贱之礼，喜听谗用举，无功者赏，无德者富，无礼义，无忠信，无圣人，无贤士，无法度，无称衡，此国之大妖也。

◎太公曰：“吏暴虐、残贼、败法、乱刑，而上下不觉，此亡国之时也。夫上好货，群臣好得，而贤者逃伏，其乱至矣。”

◎待天下之贤士，勿臣而友之，则君以得天下矣。

◎太公曰：“天下有粟，圣人食之；天下有民，圣人收之；天下有物，圣人裁之。利天下者取天下，安天下者有天下，爱天下者久天下，仁天下者化天下。”

◎天子者，天下相爱如父子，此之谓天子。

◎不好生而好杀，不好成而好败，不好利而好害，不好与而好夺，不好赏而好罚；妾媵为政，内外相疑，君臣不和；拓人田宅以为台观，发人丘墓以为苑囿，仆媵衣文绣，禽兽犬马与人同食，而万民糟糠不厌，裘褐不完；其上不知而重敛，夺民财物，藏之府库；贤人逃隐于山林，小人任大职，无功而爵，无德而贵；专恣倡乐，男女昏乱，不恤万民，违阴阳之气；忠谏不听，信用邪佞。此亡国之君治国也。

◎太公曰：“一言与身相终者，内宽而外仁者也；再言与天地相永者，是言行相副，若天地无私也；三言为诸侯雄者，是敬贤用谏，谦下于士也；四言为海内宗者，敬接不肖，无贫富，无贵贱，无善恶，无憎爱也；五言传之天下无穷者，通于否泰，顺时容养也。”

◎武王问尚父：“五帝之戒可闻乎?”尚父曰：“黄帝之时戒曰：吾之居民上也，摇摇恐夕不至朝；尧之居民上，振振如临深川；舜之居民上，兢兢如履薄冰；禹之居民上，栗栗恐不满日；汤之居民上，战战恐不见旦。”王曰：“寡人今新并殷居民上，翼翼惧不敢怠。”

◎太公曰：“大盖天下，然后能容天下；信盖天下，然后可约天下；仁盖天下，然后可以求天下；恩盖天下，然后可以王天下；权盖天下，然后可以不失天下；事而不疑，然后天下恃。此六者备，然后可以为天下政。”

◎利天下者，天下启之；害天下者，天下闭之；生天下者，天下德之；杀天下者，天下贼之；彻天下者，天下通之；穷天下者，天下仇之；安天下者，天下恃之；危天下者，天下灾之。天下者非一人之天下，唯有道者得天下也。

◎太公曰："问之以言观其辞，穷之以辞观其变，与之间谍观其诚，明白显问观其德，使之以财观其贪，试之以色观其贞，告之以难观其勇，醉之以酒观其态，则贤不肖别矣。"

◎大忌知身之恶而不改也，以贼其身，乃丧其躯。

◎知善不行者，则谓之狂，知恶不改者谓之惑。

◎发政施令，为天下福者，谓之道；上下相亲，谓之和；民不求而得所欲，谓之信；除天下之害，谓之仁；仁与信，和与道，帝王之器也。

◎礼义廉耻，国之四维。四维张，则君令行；四维不张，国乃灭亡。政之所行，在顺民心；政之所废，在逆民心。

◎君子养心，莫善于诚。致诚无他，唯仁之守，唯义之行。诚心守仁则能化，诚心行义则能变，变化代兴，谓之天德。

◎不诚则不能化万物，不诚则不能化万民。夫诚者，君子之守，而政事之本也。

◎君子耻不修，耻不信，耻不能，不耻不见用。是以不诱于誉，不恐于诽，率道而行，端然正己，不为物倾侧。

◎有乱君，无乱国。禹之法未亡也，而夏不世主；文武之法犹存，而周不世王。故法不能独立，得其人则存，失其人则亡。法者，治之端也；人者，法之源也。故有人（贤人君子），法虽省，足以遍矣；若无人，法虽具，足以乱矣。故明主急得其人也。得其人，则身逸而国治，功大而名美；若失其人，则身劳而国乱，功废而名辱。

◎圣、哲、君子，治之源也。官人守数，君子养源，故上好礼仪。尚贤使能而无贪利之心，则下亦将綦辞让，致忠信而谨于臣子矣。故政令不繁而俗美，百姓顺上，守法，而安乐之矣。

◎国得百姓之力者富，得百姓之死者强，得百姓之誉者荣。三得者具，而天下归之；三得者亡，而天下去之。汤武兴天下同利，除天下同害。政令制度，所以接百姓者，有非理如豪末必不加焉。故百姓亲之如父母，为之死亡而不偷也。

◎孔子曰："国主好见小利，好权谋，好诈，群臣亦从而成俗。群臣若是，则众庶亦不隆礼义，而好贪利矣。君臣上下之俗莫不若是，则地虽广，权必轻；人虽众，兵必弱；刑虽繁，令不下通，是谓之伤国。"

◎孟子见于梁惠王。王曰："叟，不远千里而来，亦将有以利吾国乎？"孟子对曰："王何必曰利？亦曰仁义而已矣。王曰'何以利吾国？'大夫曰'何以利吾家？'士庶人曰'何以利吾身？'上下交征利，而国危矣。未有仁而遗其亲者也，未有义而后其君者也。"梁惠王曰："寡人愿安承教。"

◎大道之行也，天下为公，选贤与能，讲信修睦。故人不独亲其亲，不独子其子，使老有所终，壮有所用，幼有所长，矜、寡、孤、独、废疾者，皆有所养。男有分，女有归。货，恶其弃于地也，不必藏于己；力，恶其不出于身也，不必为己。是故谋闭而不兴，盗窃乱贼而不作，故外户而不闭，是谓大同。（此言太古之世，风俗淳朴，人无争心故，其气象如此。）

◎今大道既隐，天下为家，各亲其亲，各子其子。货力为己，大人世及以为礼，城郭沟池以为固。礼义以为纪，以正君臣，以笃父子，以睦兄弟，以和夫妇，以设制度，以立田里，以贤勇智，以功为己。故谋用是作，兵由此起。禹、汤、文、武、成王、周公，由此其选也。此六君子者，未有不谨于礼者也，以著其义，以考其信。著有过，刑仁讲让，示民有常。如有不由此者，在执者去，众以为殃，是谓小康。（此正三代之治，乃中国极隆平之世也。）

◎孔子曰："夫礼者，先王以承天之道，以治人之情，故失之者死，得之者生。失之则天理灭，人欲肆，焉得不死。"

◎舍财，消灾，集福，为人生一大事。

◎佛所行处，国邑丘聚，靡不蒙化，天下和顺，日月清明，风雨以时，灾厉不起，国丰民安，兵戈无用，崇德兴仁，务修礼让，国无盗贼，无有怨枉，强不凌弱，各得其所。（佛陀教育，普及推行之处所，必然获得如是实效之丰果。）

◎大乘修清净、平等、正觉之因，则成智慧、无量寿、庄严之果。

◎谨言慎行，明哲保身。

◎知事少时烦恼少，识人多处是非多。

◎司马光云："君子囊括不言，以避小人之祸。"

◎范纯仁云："戒尔勿多言，多言众所忌。不慎枢机，灾厄从此始。"

◎孔子与恶人言，故逊词以免祸。

◎心定者，其言重以舒；不定者，其言轻以疾；

此程子教人者也。

◎菩萨三种顺菩提门法：一者，依智慧门，不求自乐，远离我心贪着自身故；二者，依慈悲门，拔一切众生苦，远离无安众生心故；三者，依方便门，怜悯一切众生心，远离恭敬、供养自身心故。

◎勤修戒定慧，息灭贪瞋痴，便能扭转未来。不论是自身健康，家庭幸福，事业成功，乃至世运灾变。

◎人类大家庭，以和、平，与宽、恕相待，才能共存共荣。和平在自己内心里，唯有爱好中国传统文化，才有幸福人生；唯有爱好和平，才能带来和平。

◎古今中外大圣、大贤的教诲，才是人类亿万代生存幸福之根基，才是社会、国家、世界永恒常治久安之大道，不可不知也。

◎东方圣学，皆出自性，修之弘之，福慧无量无边。得人身，遇正教，的是百千劫希有因缘，难逢之事。

◎释迦、孔子第一正知正见，即是“述而不作，信而好古”。此中义境，深广无尽。唯佛与圣，乃能究竟。一切创新者，所不能知耶。

◎英人汤恩比言：“解决二十一世纪社会问题，唯有中国孔孟学说与大乘佛法。”孔孟仁义存心，忠恕为用。大乘真诚为体，慈悲妙用。

◎深信圣贤教育，能觉悟人性，唤醒人心，回头是岸。汤博士之言诚然。

◎三世如来同赞叹，十方菩萨共皈依。

◎左传曰：“夫上之所为，民之归也。上所不为，而民或为之，是以加刑罚焉；若上之所为，而民亦为之，乃其所也，又可禁乎？”

◎易曰：天行健，君子以自强不息。

◎保合大和，万国咸宁。

◎君子体仁足以长人，嘉会足以合礼，利物足以和义，贞固足以干事。君子行此四德，居上不骄，在下不忧。

◎同声相应，同气相求。

◎夫大人者，与天地合其德，与日月合其明，与四时合其序，与鬼神合其吉凶。天且弗违，而况于人乎？

◎君子以厚德载物。

◎积善之家，必有余庆；积不善之家，必有余殃。

◎君子敬以直内，义以方外，敬义立而德不孤。

◎蒙以养正，圣功也。

◎容民畜众，开国成家。

◎小人勿用，必乱邦也。

◎天道亏盈而益谦，地道变盈而流谦，鬼神害盈而福谦，人道恶盈而好谦。谦尊而光，卑而不可踰，君子之终也。

◎谦谦君子，卑以自牧；劳谦君子，万民服也。

◎观民之俗以察己道。百姓有罪，在余一人。君子风著，己乃无咎。化主将欲自观，乃观民也。

◎观乎天文以察时变，观乎人文以化成天下。

◎君子以多识前言往行，以畜其德。

◎慎言语，节饮食。天地养万物，圣人养贤以及万民。

◎圣人感人心而天下和平。观其所感，而天地万物之情可见矣。

◎君子非礼弗履，自昭明德，言有物，行有恒，家道正，而天下定矣。

◎君子反身修德，见险能止，赦过宥罪，见善则迁，有过则改，思不出其位，其道光明。

◎有朋自远方来，不亦乐乎。

◎顺乎天，应乎人，悦以先民，民劝矣。

◎节以制度，不伤财，不害民。

◎信立而后邦乃化民，各得其所。直而正，静而顺，乖争不作，物无巧竞，敦实之道行，笃信发乎其中矣。

◎顺其所同则吉，乖其所趣则凶。

◎德合天地，知周万物，道济天下，乐天知命故不忧，曲成万物而不遗。

◎子曰：“君子居其室，出其言善，则千里之外应之，况其迩者乎；居其室，出其言不善，则千里之外违之，况其迩者乎。言出乎身，加乎民；行发乎迩，见乎远。言行，君子之枢机，荣辱之主，可不慎乎。”

◎二人同心，其利断金；同心之言，其臭如兰。

◎上慢下暴，盗思伐之矣。慢藏诲盗，冶容诲淫。

◎易，无思也，无为也，寂然不动，感而遂通天下之故。非天下之至神，其孰能与于此。夫易，圣人之所以极深而研几也。唯深也，故能通天下之志；唯几也，故能成天下之务；唯神也，故不疾而速，不行而至。

◎天之所助者顺也，人之所助者信也。履信思乎顺，是以天佑之，吉无不利。天地之大德曰生，圣人之大宝曰位。守位曰仁；理财正辞，禁民为非，曰义。

◎善不积，不足以成名；恶不积，不足以灭身。

小人以小善为无益，而弗为也；以小恶为无伤，而弗去也。故恶积而不可掩，罪大而不可解。

◎子曰："君子安其身而后动，易其心而后语，定其交而后求。君子修此三者，故全也。"

◎君子安不忘危，存不忘亡，治不忘乱，是以身安，而国家可保也。

◎天之道，曰阴与阳；地之道，曰柔与刚；人之道，曰仁与义。

◎中国特色

五伦：父子有亲、夫妇有别、君臣有义、长幼有序、朋友有信。

五常：仁、义、礼、智、信。

四维：礼、义、廉、耻。

八德：忠孝仁爱，信义和平。

重义，循理。

◎明明德（体也），真实之际，真如自性。

亲民（相也），真实之利，大悲大慈。

止于至善（用也）（清净平等觉），真实智慧，善巧方便。

落实在：

格物：格除物欲。

放下：自私自利，名闻利养，五欲六尘，贪瞋痴慢。

致知：发菩提心，深信因果，读诵大乘，劝进行者。

诚意：不执着，不分别，不起心，不动念。

正心：仁、义、忠、恕，推己及人。

修身：五伦、五常、四维、八德（五戒，十善）。

齐家：家道、家规、家学、家业。

治国（共和）：法，国之本也；人（圣贤君子），法之根源也。

平天下（太和）：国、政、族、教，平等对待，和睦相处。

汤，以七十里王天下；文王，以百里王天下。

◎君子养心，莫善于诚，致诚无他，唯仁之守，唯义之行。诚心守仁，则能化；诚心行义，则能变。变化代兴，谓之天德。不诚，则不能化万物；不诚，则不能化万民。诚者，君子之守而政事之本也。君子耻不修，耻不信，耻不能，不耻不见用。是以不诱于誉，不恐于诽，率道而行，端然正己，不为物倾侧，是谓之君子。

◎有乱君，无乱国；有治人，无治法。禹之法未亡，而夏不世主；文武之法犹存，而周不世王。故法不能独立，得其人则存，不得其人则亡。法者，治之端也；人（君子）者，治之源也。故有君子，法虽省，足以遍矣；无君子，法虽具，足以乱矣。故明主急得其人，身逸而国治。爱民而安，好士而荣。公道达而私门塞，公义明而私事息。德厚者进，而佞悦止；贪利者退，而廉节者起。

◎诸佛教人，持戒、修定、开慧。所谓因戒得定，因定开慧。戒者，规矩也，不以规矩，不成方圆。故持戒必先弟子规，次感应篇，次十善业、沙弥律仪，以奠根基。再以两年，熟背古文二百篇，取得文言文之金钥匙，则阅览四库，深入三藏，可以得心应手矣。而后，于儒释道，取其一经一论，一门深入，十年熏修。

◎“教之道，贵以专。”十年专攻一经，即是持戒。常人三四年，即可得三昧（定），六七年不能彻悟，亦当成大悟（慧）。悟后起修，学儒必成圣贤、君子，学佛则成佛、菩萨，学道则成神、仙。此乃是人生真实大事因缘也。愿天下有志者事竟成。

◎金刚经云：若有善男子、善女人，受持读诵此经，若为人轻贱，是人先世罪业，应堕恶道，以今世人轻贱故，先世罪业，即为消灭，当得阿耨多罗三藐三菩提。

◎涅槃云：定（不分别）多慧（分别）少，不离无明；定少慧多，增长邪见。

◎忍辱第一道，先须除人我，事来无所受（不执着也），即是真菩提。

◎大珠和尚云：“我今意况大好，他人骂时无恼，无言不说是非，涅槃生死同道，识达自家本宗，犹来无有青草。一切妄想分别，将知世人不了。寄言凡夫末代，除却心中蒿草。”

◎孔子曰："道者所以明德也，德者所以尊道也。是故非德不尊，非道不明。"

◎虽有国焉，不教不服，是故昔者明主，内修七教，外行三至。七教修焉，可以守；三至行焉，可以征。七教不修，虽守不固；三至不行，虽征不服。

◎孔子曰："上敬老则下益孝，上顺齿则下益悌，上乐施则下益谅，上亲贤则下择友，上好德则下不隐，上恶贪则下耻争，上强果则下廉耻。民皆有别，则贞、则正，亦不劳矣，此谓七教。七教治民之本也，教成是正矣。"

◎上者，民之表也。表正，则何物不正。是故君先立于仁，则大夫忠，而士信，民敦，工璞，商悫，女孝，妇听。七教之志也。

◎上之亲下也如腹心，则下之亲上也如保子之见慈母也。上下相亲如此，然后令则从、施则行。

◎明主因天下之爵，以尊天下之士，此之谓至礼不让而天下治；因天下之禄，以富天下之士，此之谓至赏不费而天下之士说，则天下之明誉兴。此之谓至乐无声而天下之民和。

◎所谓天下之至仁者，能合天下之至亲；所谓天下之至知者，能用天下之至和者也；所谓天下之至明者，能选天下之良者也。此谓三至。

◎仁者，莫大于爱人；知者，莫大于知贤；政者，莫大于官贤。中庸曰：为政在人也。

◎孔子曰：“古之为政，爱人为大，所以治。爱人，礼为大，所以治。礼，敬为大，敬之至也。是故君子兴敬为亲，舍敬是遗亲也，弗爱不亲，弗敬不正。爱与敬，其政之本与！”

◎三代明王之政，必敬其妻子也有道。妻也者，亲之主也，敢不敬与？子也，亲之后也者，亲之后也，敢不敬与？君子无不敬也，敬身为大，身也者，亲之枝也，敢不敬与？不能敬其身，是伤其亲，伤其本，伤其枝也。

◎礼有三本：天地者，性之本也；先祖者，类之本也；君师者，治之本也。无天地焉生？无先祖焉出？无君师焉治？

◎孔子曰：“以旧礼为无所用而去之者，必有乱患。”故婚姻之礼废，则夫妇之道苦，而淫辟之罪多矣；乡饮酒之礼废，则长幼之序失，而争斗之狱繁矣；聘射之礼废，则诸侯之行恶，而盈溢之败起矣；丧祭之礼废，则臣子之恩薄，而倍死忘生之礼众矣。凡人之知，能见已然，不能见将然。礼者，禁于将然之前；而法者，禁于已然之后。是故法之用易见，而礼之所为生难知也。曰，礼云，礼云，贵绝恶于未萌，而起敬于微眇，使民日徙善、远罪，而不自知也。

◎为人主计，莫如安审取舍。取舍之极定于内，安危之萌应于外也。安者，非一日而安也；危者，非一日而危也，皆以积然，不可不察也。善不积不足以成名，恶不积不足以灭身。而人之所行，各在其取舍。

◎以礼义治之者积礼义，以刑罚治之者积刑罚。刑罚积而民怨倍，礼义积而民亲和。

◎汤武置天下于仁义礼乐，而德泽广育四夷，累子孙三十余世，历年久六八百岁，此天下共闻之也；秦王置天下法令刑罚，德泽无一有，而怨毒盈世，民憎恶如仇雠，祸几及身，子孙诛绝，此天下所共见也。夫用礼乐仁义为天下者，行五六百岁犹存；用法令为天下者，十余年即亡，是非明学大验乎！今人或言礼义不如法令，教化不如刑罚，人主胡不承殷周秦事以观之乎。

◎殷为天子，三十一世六百二十九年，而周受之。周为天子，三十七世八百六十七年，而秦受之。秦为天子，二世而亡，凡十有五年。人性非甚相远也，何殷周有道之长，而秦无道之暴，其故可知也。

◎周武王崩，成王十岁，召公为太保，周公为太傅，太公为太师。保，保其身体；傅，傅其德义；师，导之教训。此三公之职也。于是为置三少，皆上大夫也，曰少保、少傅、少师，是与太子宴者也。故孩提三公、三少，固明孝、仁、礼、义以导习之也，逐去邪人不使见恶行，于是选天下端士，孝悌闲博有道术者以辅翼之，使之与太子居处出入，故太子乃见正事、闻正言、行正道。左视右视前后皆正人，夫习与正人居，不能不正也。孔子曰："少成若天性，习贯之为常。"此殷周之所以长有道也。

◎太任孕文王，目不视恶色、耳不听淫声、口不出恶言，故君子谓太任为能胎教也。古者妇人孕子之礼，必慎所感，感于善则善，感于恶则恶，不可不慎也。

简释译解

霍煜梅　雷雪敏

◎劫由业成，业由心生。欲回劫运，须正人心。世风未转，劫运难回。苦因不拔，苦果难出。

【出处】

《佛说大乘无量寿庄严清净平等觉经解·敬跋三印大经会集本后》，黄念祖老居士著。

【注释】

①劫：佛教名词，意为极久远的时节。古印度传说世界经历若干万年毁灭一次，重新再开始，这样一个周期叫一"劫"。"劫"的时间长短，佛经有各种不同的说法。一"劫"包括"成"、"住"、"坏"、"空"四个时期，叫做"四劫"。到"坏劫"时，有水、火、风三灾出现，世界归于毁灭。后人借指天灾人祸。

②业：佛教语。佛教谓业由身、口、意三处发动，分别称身业、口业、意业。业分善、不善、非善非不善三种，一般偏指恶业，孽。它决定在六道中的生死轮回。

③心：思想、意念、感情的通称。与"色"相对。佛教把一切精神现象称为"心"，有"三界唯心"之说。

④回：扭转，改变事物的发展方向。

【译文】

灾难是由人们不善的思想和行为所导致的。人们不善的思想和行为是由心念（贪心、瞋心、痴心、慢心等）所产生的。要想挽救灾难，必须端正人心。世间的风气（民心）若不能转变，那么灾难和厄运是难以回转的。如果苦的原因不能拔除，那么苦的结果是难以脱离的。

◎经云：天地之间，五道分明。善恶报应，祸福相承。身自当之，无谁代者。五恶五痛，譬如大火，焚烧人身。敢有犯此，当历恶趣。痛哉可伤。

【出处】

节选自《佛说大乘无量寿庄严清净平等觉经》。

【注释】

五道：佛教谓天、人、畜生、恶鬼、地狱五处轮回之所。

五恶：佛教语，谓犯杀、盗、淫、妄、酒五戒。清代彭际清《起信论》曰："五恶之义，特准他经，配以十恶。其一恶者，杀业所摄。其二恶者，盗贪所摄。其三恶者，淫业所摄。其四恶者，妄语、两舌、恶口、绮语所摄。其五恶者，嗔恚邪见所摄。反是即为五善，亦名十善。"

五痛：造此五恶，于现世中王法治罪，身遭厄难，名为五痛。

恶趣：即恶道，佛教语。指地狱、饿鬼、畜生三道。

【译文】

《佛说大乘无量寿庄严清净平等觉经》云：在天地之

间，分明有天道、人道、畜生道、饿鬼道、地狱道五处轮回之所，善与恶的报应，祸与福的相互接续，全由造业的人自己承当，没有人能够替代。造作杀、盗、淫、妄、嗔恚等五种恶业，会招致王法治罪、身遭厄难的五种痛苦，就好像大火焚烧人身一般。敢于犯这些罪恶的人，死后会经历地狱、恶鬼、畜生三恶道，其痛苦实在令人哀伤啊！

◎太公曰："天有时，地有财，能与人共之者，仁也。仁之所在，天下归之。免人之死，解人之难，救人之患，济人之急者，德也。德之所在，天下归之。与人同忧同乐，同好同恶者，义也。义之所在，天下归之。凡人乐生而恶死，好得而归利。能生利者，道也。道之所在，天下归之。"

【出处】

《群书治要·六韬》。

【注释】

时：季节、季度，三个月为一时。

仁：古代一种含义极广的道德观念。其核心指人与人相互亲爱。孔子以之作为最高的道德标准。

义：谓符合正义或道德规范。

得：获得、得利、得益。

【译文】

姜太公说："天有四时，地有财富，能和人民共同享用的，就是仁爱。实施仁爱者，天下人就会归附他。

使人民免遭死亡，解除人民的困难，救助人民的灾患，接济人民的急需，就是恩德。布施恩德者，天下人就会归顺他。和人民同忧同乐，同好同恶的，就是道义。讲道义的人，天下人就会归依他。人们都乐于生存而害怕死亡，喜欢得到好处和利益，能为天下人谋求利益的，就是王道。实行王道的人，天下人就会归附他。”

◎太公曰：“君不肖，则国危而民乱；君贤圣，则国家安而天下治。祸福在君，不在天时。”

【出处】

《群书治要·六韬》。

【注释】

不肖：品行不好，不正派；没有出息，不成材。

贤圣：道德才智极高。

天时：天地自然变化演衍的时序。此处意为天命。

【译文】

姜太公说：“君主不贤明，则国家危亡而民心离乱；君主贤明圣德，则国家太平而人民安定。国民的祸福在于君主贤与不贤，而不在于天命的变化。”

◎善为国者，御民如父母之爱子，如兄之慈弟也。见之饥寒，则为之哀；见之劳苦，则为之悲。

【出处】

《群书治要·六韬》。

【注释】

御：统治，治理，管理。

【译文】

善于治理国家的君主，管理人民就如同父母爱护自己的子女，就如同兄长爱护弟弟，见到人民饥寒，就为他们哀痛；见到人民劳苦，就为他们悲伤。

◎上贤下不肖，取诚信，去诈伪，禁暴乱，止奢侈。

【出处】

《群书治要·六韬》。

【注释】

上：动词，使……尊崇。

下：动词，使……处于下位。

诈：欺骗。

【译文】

作为君主，应让德才兼备的贤者居于上位、受到尊崇，应让缺德少才的不贤者居于下位；任用忠诚信实之人，排弃奸诈虚伪之人；禁止暴乱之事，防止奢侈之风。

◎贤君之治国，其政平，吏不苛；其赋敛节，其自奉薄；不以私善害公法，赏赐不加于无功，刑罚不施于无罪；害民者有罪，进贤者有赏；官无腐蠹之藏，国无流饿之民。

【出处】

《群书治要·六韬》。

【注释】

赋敛：征收赋税。

进贤：荐举贤能的人。

腐蠹：腐蚀。

藏：储积，收藏。

【译文】

贤德的君主治理国家，其政令宽和公平，官吏不施苛政；赋税有节制，减轻人民的负担，个人生活俭朴不奢华；不以个人利益而违犯国家法律，赏赐不加给无功之人，刑罚不施予无罪之人；危害人民者加罪，荐贤利民者有赏；做官者无腐败的积藏，国家没有流离饥饿的人民。

◎君以世俗之所誉者为贤智，以世俗之所毁者为不肖，则多党者进，少党者退，是以群邪比周而蔽贤，忠臣死于无罪，邪臣以虚誉取爵位，是以世乱愈甚，故其国不免于危亡。

【出处】

《群书治要·六韬》。

【注释】

党：党羽。

比周：串通勾结，结党营私。

危亡：接近于灭亡的十分危急的局势。

【译文】

国君把世俗所称道的人当作有贤能智慧的人，把世俗所诋毁的人当作不肖之人，那就会使党羽众多者被提拔，不结党者被排挤。这样奸邪势力就会结党营私而埋没贤能的人，忠臣无罪而被置于死地，奸臣用虚名取得爵位，所以社会更加混乱，国家也就难免陷于危亡的局势了。

◎人君有六守三宝。六守者，仁、义、忠、信、勇、谋；三宝者，大农、大工、大商。六守长则国昌，三宝完则国安。

【出处】

《群书治要·六韬》。

【注释】

人君：旧指君主、国君。

守：遵守，奉行。此处指选任人才应奉行的标准。

【译文】

国君应坚守六条选拔人才的标准，应拥有三样珍宝。六条用人标准是仁、义、忠、信、勇、谋。三样珍宝是极有经验的农民、技艺极高的工匠、极善经营的商人。长久坚持六条用人标准，国家就会繁荣昌盛；三宝得以保全，国家就能长治久安。

◎太公曰："义胜欲则昌，欲胜义则亡。敬胜怠则吉，怠胜敬则灭。故义胜怠者王，怠胜敬者亡。"

【出处】

节选自《群书治要·六韬》。

【注释】

胜：超过，压倒。

敬：不怠惰。

怠：懈怠。

灭：尽，绝。

王：动词，称王，统治天下。

【译文】

姜太公说："道义胜过私欲，国家就会昌盛；私欲胜过道义，国家就会衰亡；敬谨胜过懈怠，国家就会吉祥；懈怠胜过敬谨，国家就会灭绝。所以，道义胜过懈怠者可以称王，懈怠胜过敬谨者必然灭亡。"

◎无伦常，无贵贱之礼，喜听谗用举，无功者赏，无德者富，无礼义，无忠信，无圣人，无贤士，无法度，无称衡，此国之大妖也。

【出处】

《群书治要·六韬（逸文）》。

【注释】

伦常：人与人相处的常道，指社会的伦理道德。这种道德所规范的父子有亲、君臣有义、夫妇有别、长幼有序、朋友有信这五种关系，即五伦，是不可改变的常道。

举：推举、举荐。

法度：法律制度；规矩，行为的准则。

【译文】

没有伦常道德，没有贵贱的礼节；喜欢听信小人的谗言，任用他们举荐的人，无功者受赏，无德者居富；不讲礼义，不讲忠信，朝中没有圣人、没有贤士，国家没有合理的法律制度，没有权衡行为的标准，这些都是国家的大祸害。

◎太公曰："吏暴虐，残贼、败法、乱刑，而上下不觉，此亡国之时也。夫上好货，群臣好得，而贤者逃伏，其乱至矣。"

【出处】

节选自《群书治要·六韬》。

【注释】

货：财物、金钱珠玉布帛的总称。

逃伏：逃亡隐匿。

【译文】

姜太公说："官吏暴虐无道，凶残狠毒，败坏法纪，滥用刑罚。而国中上下都迷而不觉，这就是该亡国的时候了。在上位者贪图财物享受，群臣贪图个人得利，而贤者纷纷逃亡隐匿，那么国乱就会发生。"

◎待天下之贤士，勿臣而友之，则君以得天下矣。

【出处】

《群书治要·六韬》。

【注释】

友：动词。以朋友相待。

【译文】

对待天下的贤能之人，不要把他们当作臣子，而要当作朋友相待，那么君主就可以得到天下了。

◎太公曰："天下有粟，圣人食之；天下有民，圣人收之；天下有物，圣人裁之。利天下者取天下，安天下者有天下，爱天下者久天下，仁天下者化天下。"

【出处】

《群书治要·六韬》。

【注释】

粟：谷物粮食。

食：供养，给……吃。

收：收容，接纳。

裁：成，成就。

仁：恩惠，仁爱，施仁政。

化：感化、转化人心。

【译文】

姜太公说："天下有粮，由圣人来安排供养百姓；天下有民，由圣人来收容接纳他们；天下有物，由圣人来培育成就。为天下人谋利益者取得天下，使天下人生活安宁者拥有天下，爱护天下人者可以长久地统治天下，仁德遍布天下者可以化育天下。”

◎天子者，天下相爱如父子，此之谓天子。

【出处】

《群书治要·六韬》。

【注释】

天子：天之子，古代对帝王的称谓。

【译文】

天子者，能使天下人相爱如父子，这才称得上天子。

◎不好生而好杀，不好成而好败，不好利而好害，不好与而好夺，不好赏而好罚；妾媵为政，内外相疑，君臣不和；拓人田宅以为台观，发人丘墓以为苑囿，仆媵衣文绣，禽兽犬马与人同食，而万民糟糠不厌，裘褐不完；其上不知而重敛，夺民财物，藏之府库；贤人逃隐于山林，小人任大职，无功而爵，无德而贵；专恣倡乐，男女昏乱，不恤万民，违阴阳之气；忠谏不听，信用邪佞。此亡国之君治国也。

【出处】

《群书治要·阴谋》。

【注释】

妾媵：古代诸侯贵族女子出嫁，以侄娣从嫁，称媵。后以“妾媵”泛指侍妾。

台观：泛指楼台馆阁等高大建筑物。

丘墓：坟墓。

苑囿：古代畜养禽兽供帝王玩乐的园林。

仆媵：婢妾。

文绣：此处借指华美的衣服。

糟糠：用以充饥的酒糟、糠皮等粗劣的食物。

厌：满足。

裘褐：粗陋的衣服。

府库：收藏文书财物和兵器的地方。

专恣：专横放肆，纵任。

倡乐：倡优的歌舞杂戏表演。

邪：邪恶。

佞：花言巧语的小人。

夺：抢去、夺取。

【译文】

不致力生息而喜好杀戮；不助力成功而常败废民事；不善利民而好害民；不善施予而好强取豪夺；不喜好奖赏而喜好惩罚；妾媵干预政事，让朝廷内外互相猜疑，君臣不和睦；侵占百姓田园住宅建造台阁宫观，挖掉民家的坟墓修建游乐打猎的园林；仆人婢女衣着华丽，豢养的禽兽狗马与人吃同样的食物，可是百姓却连糟糠也吃不饱，麻布衣服破烂不堪，而君主不知下情且一味加重赋敛，掠夺百姓财物收藏于官家府库；贤能的人逃避隐居山林，奸邪小人却担任要职，无功者得以封爵，无德者得以尊贵；专一地放纵沉溺于舞女音乐中，男女关系混乱，不体恤百姓的疾苦，违背阴阳之气；不纳忠臣谏言，偏信任用奸佞邪恶之人。这就是亡国之君治国的方法。

◎太公曰："一言与身相终者，内宽而外仁者也；再言与天地相永者，是言行相副，若天地无私也；三言为诸侯雄者，是敬贤用谏，谦下于士也；四言为海内宗者，敬接不肖，无贫富，无贵贱，无善恶，无憎爱也；五言传之天下无穷者，通于否泰，顺时容养也。"

【出处】

《群书治要·阴谋》。

【注释】

雄：用作动词，称雄。

海内：古人认为我国疆土四面环海，因此称国境以内为海内。

宗：尊奉。

无：不分，不论。

通：知晓，通达。

否泰：吉凶祸福。

时：指天时，即天道运行的时序和规律。

容：生养。

【译文】

姜太公说："第一句应铭记终生的话，是内心宽厚、对外仁爱；第二句能与天地长存的话，是言谈与行动相符，像天地那样公正无私；第三句能成为诸侯中杰出者的话，是尊敬贤者，虚心听取规劝、谦诚对待读书人；第四句能被海内尊奉的话，是慎重对待有缺点的人，不分贫富、贵贱、善恶，没有憎爱；第五句能流传天下而永不泯灭的话，是通晓命运的吉凶祸福，顺应天时的变化，让万物得以生养。”

◎武王问尚父："五帝之戒可闻乎?"尚父曰："黄帝之时戒曰：吾之居民上也，摇摇恐夕不至朝；尧之居民上，振振如临深川；舜之居民上，兢兢如履薄冰；禹之居民上，栗栗恐不满日；汤之居民上，战战恐不见旦。"王曰："寡人今新并殷居民上，翼翼惧不敢怠。"

【出处】

《群书治要·阴谋》。

【注释】

居：处于，处在。

摇摇：心神不定之貌。

振振：战栗。

兢兢：小心谨慎的样子。

履：践踏。

栗栗：竭力克制因过分恐惧、寒冷或激动而引起的颤抖。

战战：害怕，恐惧的样子。

并：收并，收服，占取。

翼翼：比喻恭敬慎重的样子。形容谨慎小心，丝毫不敢疏忽的样子。

【译文】

周武王问尚父说："五帝的自我警戒您可以说给我听吗?"尚父说："黄帝常告诫自己，我处在民众之上，常心神不安，唯恐夕不至朝；尧帝处在百姓之上，警惕战栗如临深川；舜帝处在百姓之上，小心谨慎如履薄冰；禹王处在百姓之上，战战栗栗唯恐治理过不了今天；汤王处在民众之上，颤颤抖抖只恐维持不到第二天早上。"武王说："我现在刚刚兼并了殷国，处民众之上，要小心翼翼，敬谨而不敢稍有懈怠。"

◎太公曰："大盖天下，然后能容天下；信盖天下，然后可约天下；仁盖天下，然后可以求天下；恩盖天下，然后可以王天下；权盖天下，然后可以不失天下；事而不疑，然后天下恃。此六者备，然后可以为天下政。"

【出处】

《群书治要·六韬》。

【注释】

大：指器量，度量。

约：约定、订约。

求：要求、请求。

王：动词，称王，统领。

恃：依赖，依靠。

【译文】

姜太公说："器量盖覆天下，然后才能包容天下；诚信盖覆天下，然后才可与天下约定；仁爱盖覆天下，然后才能请求天下；恩德盖覆天下，然后才能统领天下；权威盖覆天下，然后才能不失天下；遇事果断不疑，然后才能为天下之依靠。这六项条件都具备了，然后才可以治理好天下。”

◎利天下者，天下启之；害天下者，天下闭之；生天下者，天下德之；杀天下者，天下贼之；彻天下者，天下通之；穷天下者，天下仇之；安天下者，天下恃之；危天下者，天下灾之。天下者非一人之天下，唯有道者得天下也。

【出处】

《群书治要·六韬》。

【注释】

贼：残害、伤害、毁坏。

彻：治，开发。另解：顺从，顺应。

通：往来友好。

灾：伤害，使受灾害。另解："灾之"意为视之如灾星，避之唯恐不及。

【译文】

为天下谋利益的，人民就欢迎他；使天下人受祸害的，人民就反对他；关心并为天下人谋生存的，人民就感戴他的恩德；使天下人遭到杀戮的，人民就要毁灭他；对天下进行治理开发的，人民就归附他；造成天下人穷困的，人民就仇视他；使天下人安居乐业的，人民就依靠他；使天下人遭受危难的，人民就危害他。天下不是一个人的天下，只有道德高尚的人才能够得到治理天下的君主位置。

◎太公曰："问之以言观其辞，穷之以辞观其变，与之间谍观其诚，明白显问观其德，使之以财观其贪，试之以色观其贞，告之以难观其勇，醉之以酒观其态，则贤不肖别矣。"

【出处】

节选自《群书治要·六韬》。

【注释】

辞：言辞、词句。

谍：底本作"谋"，疑误，据《武经七书汇解》校改。

【译文】

姜太公说："提出问题，看其说辞是否有理有据；详尽追问，观察他应变的能力；用间谍暗中考察，看他是否忠诚；明知故问，看他有无隐瞒，借以考察他的品德；以财物支使他，以观察他是否贪婪；用女色试探他，看他的操守如何；让他处理危难，看他是否勇敢；观察他醉酒后的神情，看他是否保持常态，一个人的贤与不肖就能辨别清楚了。"

◎大忌知身之恶而不改也，以贼其身，乃丧其躯。

【出处】

《群书治要·鬻子》。

【注释】

贼：害，伤害。

躯：指生命。

【译文】

人最大的忌讳是知道自己的不良行为却不改正，以致伤害自己的身心，甚至丧失生命。

◎知善不行者，则谓之狂，知恶不改者谓之惑。

【出处】

《群书治要·鬻子》。

【注释】

狂：狂妄，纵情任性或放荡骄恣的态度。

【译文】

明知是善事却不施行的，就叫做狂妄；明知有不良行为却不改正的，就叫做迷惑。

◎发政施令，为天下福者，谓之道；上下相亲，谓之和；民不求而得所欲，谓之信；除天下之害，谓之仁；仁与信，和与道，帝王之器也。

【出处】

《群书治要·鬻子》。

【注释】

器：气量，度量，胸怀。

【译文】

发布、施行政令，为天下人谋福利，称作道；君民上下相亲相爱，叫做和；百姓不须乞求便得到所想要的，叫做信；清除天下的祸害，叫做仁。仁与信、和与道，是帝王的器量。

◎礼义廉耻，国之四维。四维张，则君令行；四维不张，国乃灭亡。政之所行，在顺民心；政之所废，在逆民心。

【出处】

节选自《管子·牧民》

【注释】

维：本义指系物的大绳子，引申义指国家的纲纪、法度。

废：衰败，败坏。

【译文】

礼义廉耻是国家的四维。四维得以伸张，则君主之令可顺利推行；四维不能伸张，则国家就会灭亡。政令所以能推行，在于顺应民心；政事所以衰败，在于违逆民心。

◎君子养心，莫善于诚。致诚无他，唯仁之守，唯义之行。诚心守仁则能化，诚心行义则能变，变化代兴，谓之天德。

【出处】

节选自《荀子·不苟》。

【注释】

诚：即《大学》诚意之诚，诚实，真诚。

致：同“至”，极也。

化：化育，感化，此指引诱向善。

代：更也。凡以此易彼，以后续前，皆曰“代”。

天德：合乎自然规律的德行。

【译文】

君子养心没有比诚意更好的了，要做到至诚，没有别的方法，只有守住仁德，只有奉行道义。本此至诚之心来坚守仁德，就能感化别人；本此至诚之心来奉行道义，就能变易人们的旧习。变易旧习与感化轮流起作用，这就叫做天德。

◎不诚则不能化万物，不诚则不能化万民。夫诚者，君子之守，而政事之本也。

【出处】

节选自《荀子·不苟》。

【注释】

化：化育，感化，此指引诱向善。

【译文】

不真诚就不能化育万物，不真诚就不能感化万民。

真诚，是君子的操守，政事的根本。

◎君子耻不修，耻不信，耻不能，不耻不见用。是以不诱于誉，不恐于诽，率道而行，端然正己，不为物倾侧。

【出处】

节选自《荀子·非十二子》。

【注释】

率：遵循，沿着。

道：道义。

【译文】

君子以不进行自我修养为耻，以不能坚守诚信为耻，以缺乏才干为耻，而不以不被任用为耻。因此，君子不被荣誉所诱惑，也不为诽谤而恐惧，遵循道义来做事，端正自己的修为，不被外界事物迷惑颠倒。

◎有乱君，无乱国。禹之法未亡也，而夏不世主；文武之法犹存，而周不世王。故法不能独立，得其人则存，失其人则亡。法者，治之端也；人者，法之源也。故有人（贤人君子），法虽省，足以遍矣；若无人，法虽具，足以乱矣。故明主急得其人也。得其人，则身逸而国治，功大而名美；若失其人，则身劳而国乱，功废而名辱。

【出处】

节选自《荀子·君道》。

【注释】

法：法令、规范、模式。

世：父子相继为一世，引申为继承。

治：治理、管理、统治。

端：开头。

省：减少，精简。

足：完全，能够。

遍：普遍、遍及。此处指普遍得到治理，与下文“乱”相对。

具：具备，有，引申为完备。

急：迫切，紧急。

身：自己，自身。

逸：闲适，安乐。

【译文】

有昏乱的君主，没有混乱的国家。夏禹的治国法规没有灭亡，但是夏桀并没有承继夏主的遗志；文王武王时的法度尚存，但是周朝的后代也没有世代称王天下。所以法规不能孤立地存在，有了圣明的君主，法规才会存在，失去了圣明的君主，法规也会随之消亡。法制，是治理国家的本源，而人（君子）是法制的本源。所以有了贤人君子，法律即使简略，也会使国家普遍得到治理；如果没有贤人君子，法律即使很完备，也会使国家混乱。所以圣明的君主迫切得到治国的贤才君子，得到了这样的人，自身就可以很安逸，而国家也能得到很好的治理，功绩伟大而名声美好。如果不能得到治国的人才，就会自身劳苦而国家混乱，功业败坏而声名狼藉。

◎圣、哲、君子，治之源也。官人守数，君子养源。故上好礼义，尚贤使能，而无贪利之心，则下亦将綦辞让，致忠信，而谨于臣子矣。故政令不繁而俗美，百姓顺上，守法，而安乐之矣。

【出处】

节选自《荀子·君道》。

【注释】

守数：恪守法规。

君子：对统治者和贵族男子的通称，泛指德才出众的人。

綦：极。

致：通“至”。极，尽。

繁：复杂。

俗：风俗、习俗。

美：美好，引申为善、好。

顺：顺应，顺从。

【译文】

圣人、哲人、君子，是治国的源头。为官的人恪守法规，德才出众的君子善于保养本源（培养德才兼备的人才）。所以，在上位的人喜好礼义，尊崇任用贤德有才能的人，而没有贪求私利之心，那么在下位的人也会极有辞让之心，尽其忠信，而谨慎地做一个臣子。所以政策法令无需太繁琐，就可以使风俗美善，百姓就会顺应君主的意志，并且遵守法令，这样就可以过上安乐的生活了。

◎国得百姓之力者富，得百姓之死者强，得百姓之誉者荣。三得者具，而天下归之；三得者亡，而天下去之。汤武兴天下同利，除天下同害。政令制度，所以接百姓者，有非理如豪末必不加焉。故百姓亲之如父母，为之死亡而不偷也。

【出处】

节选自《荀子·王霸》。

【注释】

力：力量，体力。

死：为某事或某人而牺牲性命。

兴：举办，发动。

加：施加。

豪末：豪，通“毫”。毫毛的末端，比喻极其细微之物。

偷：苟且，马虎。

【译文】

国家得到百姓的力量扶持就会富足，得到百姓的拼死效忠就会强盛，得到百姓的赞美就会荣耀。这三种条件都具备的，天下人就会归附；三者都失去的，天下人就会叛离。商汤和周武王兴办了利益天下百姓的共同福利，除去了天下百姓的共同祸害。政策法令和制度，是用来对待百姓的，如果有一点点不合理的地方，都一定不会施加给百姓，所以百姓敬爱他们如同敬爱父母一样，为国家誓死效忠而绝不苟且偷生。

◎孔子曰："国主好见小利，好权谋，好诈，群臣亦从而成俗。群臣若是，则众庶亦不隆礼义，而好贪利矣。君臣上下之俗莫不若是，则地虽广，权必轻；人虽众，兵必弱；刑虽繁，令不下通，是谓之伤国。"

【出处】

节选自《荀子·王霸》。

【注释】

诈：欺骗，虚伪。

隆：尊崇。

伤：损害。

【译文】

孔夫子说："国君喜欢注意小的利益，喜好权谋之术，喜好虚伪欺诈，群臣必然也跟从他而成为风气。群臣若是这样，那么众民百姓必然也不会尊崇礼义，反而喜欢贪图小利。君主与臣民之间的风气无不如此，那么领土即使广阔，但权势必然轻微；人口即使众多，但兵力必然衰弱；刑罚即使繁复，政令必然不能向下传达；这就是损害国家。"

◎孟子见于梁惠王。王曰："叟，不远千里而来，亦将有以利吾国乎？"孟子对曰："王何必曰利？亦曰仁义而已矣。王曰'何以利吾国？'大夫曰'何以利吾家？'士庶人曰'何以利吾身？'上下交征利，而国危矣。未有仁而遗其亲者也，未有义而后其君者也。"

梁惠王曰："寡人愿安承教。"

【出处】

《孟子·梁惠王上》。

【注释】

叟：对老年男子的尊称。

士：古代统治阶级中次于卿大夫的一个阶层；读书人。

庶人：泛指无官爵的平民；百姓。

交征：互相争夺。征，取。

后：动词，使……（次序）在后，引申为忽视、不顾。

寡人：古代王侯自称的谦称。

安：乐意。

【译文】

孟子拜见梁惠王。梁惠王说："老先生，您不远千里而来，一定是有什么对我的国家有利的高见吧？"孟子回答说："大王，何必讲利呢？只要讲仁义就行了。大王说'怎样使我的国家有利？'大夫说'怎样使我的家族有利？'读书人和平民说'怎样使我自身有利？'国中上下互相争夺私利，那么国家就危险了。从来没有讲仁的人却抛弃父母的，也从来没有讲义的人却不顾君王的。"梁惠王说："我乐意听从您的指教。"

◎大道之行也，天下为公，选贤与能，讲信修睦。故人不独亲其亲，不独子其子，使老有所终，壮有所用，幼有所长，矜、寡、孤、独、废疾者，皆有所养。男有分，女有归。货，恶其弃于地也，不必藏于己；力，恶其不出于身也，不必为己。是故谋闭而不兴，盗窃乱贼而不作，故外户而不闭，是谓大同。（此言太古之世，风俗醇朴，人无争心故，其气象如此。）

【出处】

《礼记·礼运》。

【注释】

大道：指古代政治上的最高理想，指最高的治世原则，包括伦理纲常等。

行：施行。

公：共，共同。

为公：谓揖让而授圣德，不私传子孙。此指君主实行禅让制。

与：通“举”，推举，选举。

修：培养。

睦：和好，亲近。

亲其亲：第一个“亲”是意动用法，以……为亲，奉养、赡养的意思；第二个“亲”是名词，指父母。

子其子：第一个“子”是动词，以……为子，抚养、教养之意；第二个“子”则用作名词，指子女。

终：指人死，这里有终其天年，寿终正寝之意。

矜（guān）：同“鳏”，老而无妻的人，也泛指无妻的人。

寡：老而无夫的人。

孤：幼而无父的人。

独：老而无子的人。

废疾：残疾人。

分（fèn）：职分，职责，本分。

归：归宿，指女子出嫁。

货：财货。

恶（wù）：憎恶。

力：指劳动。

谋：策略，计谋。此指奸邪鄙诈之谋。

闭：禁绝，杜绝。

乱：指造反。

贼：指害人。

外户：泛指大门。

同：和，平。

大同：大同社会，指理想社会，具体是指儒家的理想社会或人类社会的最高阶段。

【译文】

在大道施行的时候，天下是人们所共有的。把品德高尚、能干的人推举出来，为天下人服务，使百姓讲求诚信，培养和睦的关系。因此人们不仅赡养自己的父母、抚养自己的儿女，而且使天下的老年人能得到赡养、终其天年，中年人能为社会效力，年幼的人能受到教育长养。使老而无妻的人、老而无夫的人、年幼丧父的人、老而无子的人、身有残疾的人都能得到社会的照顾恤养。男人都有适合自己的职责，女子都能有好的归宿。对于财货，人们憎恶把它扔在地上，而不是为自己私藏。人们都愿意为公众之事竭尽全力，而不是为自己谋取私利。因此奸邪之谋不会兴起，盗窃、造反和害人的事情不会发生，因此人们可以不必关闭门户，这就是所谓理想的大同社会。（这是说太古时代，风俗淳朴，人们都没有争夺之心，因而能有如此的气象。）

◎今大道既隐，天下为家，各亲其亲，各子其子。货力为己，大人世及以为礼，城郭沟池以为固。礼义以为纪，以正君臣，以笃父子，以睦兄弟，以和夫妇，以设制度，以立田里，以贤勇智，以功为己，故谋用是作，而兵由此起。禹、汤、文、武、成王、周公，由此其选也。此六君子者，未有不谨于礼者也，以著其义，以考其信，著有过，刑仁讲让，示民有常。如有不由此者，在执者去，众以为殃，是谓小康。（此正三代之治，乃中国极隆平之世也。）

【出处】

《礼记·礼运》。

【注释】

隐：去，隐没。

大人：指天子诸侯。

世及：世袭，世代相传。指诸侯传位于自家也。父子曰世，兄弟曰及，谓父传于子，无子则兄传于弟也。

城郭：城是内城的墙，郭是外城的墙。城郭泛指“城邑”。

沟池：护城河。

纪：纲纪，准则。

正：动词，使……正，端正，整理。下文中的“笃”、“睦”、“和”、“设”都是使动用法。

笃：忠实，淳厚，这里指使感情深厚。

田里：封地和住宅。

用是：因此。

选：名词，指被挑中的人或物，在本文中指的是历史杰出人物。

刑：通“型”，以……为典范。

考：成，完成。

著：动词，说明，显扬，彰显。

执：权势。

【译文】

如今大道已经衰微，天下成为一家所有（传位于子），人们仅仅把自己的亲人当作亲人，仅仅把自己的儿女当作儿女。财物和劳力都为私人拥有，天子诸侯们的权力变成了世袭的，并成为名正言顺的礼制。修建城郭和护城河来巩固国家防守，制定礼节仪式等作为纲纪，用来端正君臣关系，使父子关系淳厚，使兄弟关系和睦，使夫妻关系和谐，使各种制度得以确立，划定田地和住宅，尊重有勇有智的人，为自己建功立业，所以计谋因此兴起，战争也由此产生了。夏禹、商汤、周文王、周武王、周成王和周公旦，由此成为三代中的杰出人物。这六位君子，没有哪个是不谨慎奉行礼制的，从而彰显人们的礼义，成就人们的诚信，显明人们的过错，树立讲求仁义礼让的典范，为百姓昭示五常德。如果有不按照礼法去做的，有权势者也要被辞退，百姓也会把这看成是祸害，这种社会就叫做小康。（这是说夏商周三代的政治状况，是中国极其昌隆和平的时代。）

◎孔子曰：“夫礼，先王以承天之道，以治人之情，故失之者死，得之者生。”失之则天理灭，人欲肆，焉得不死。

【出处】

节选自《礼记·礼运》。

【注释】

礼：指传统社会中的礼法、典章制度和规定社会行为的规范、传统习惯。

以：以之，用来。

承：接受，承受，表示在下的接受在上的命令或指示。

天之道：即万物的规则、万物的道理，一切事物运行所遵循的自然法则。

治：治理，管理。

情：感情，情欲。

天理：自然法则，天性。

肆：放纵，任意行事。

【译文】

孔子说：“所谓的礼，是古代先王用来秉承自然法则，用来调御人们感情的，因此违背礼的人则会灭亡，遵循礼的人就能生存。”违背礼就会使人的天性泯灭，人欲泛滥，怎么能够不灭亡呢？

◎舍财，消灾，集福，为人生一大事。

【出处】

释净空教授语。

【注释】

舍：布施，施舍。

消：削减，除去，使消失。

集：聚合，会合，聚集。

大事：重大的事件，重要的事情。

【译文】

舍财布施，改过消灾，修善积福，这是人生中一件重要的事情。

◎佛所行处，国邑丘聚，靡不蒙化，天下和顺，日月清明，风雨以时，灾厉不起，国丰民安，兵戈无用，崇德兴仁，务修礼让，国无盗贼，无有怨枉，强不凌弱，各得其所。（佛陀教育普及推行之处所，必然获得如是实效之丰果。）

【出处】

节选自《佛说大乘无量寿庄严清净平等觉经》。

【注释】

佛：是指佛陀教育。

行：实行，推行。

佛所行处：就是佛陀教育推行的地方，实行的处所。

邑：指一个都市。

丘聚：指一个村庄，乡镇。

靡不蒙化：无不承蒙佛陀的教化。意谓教育有了效果，使接受教育的人都能变化气质，恶变成善，染变成净，邪变成正，这便是“化”。

天下和顺：是指人事和谐。

日月清明，风雨以时，灾厉不起：这三句所讲的是天时，是指自然的灾害消失。

丰：丰厚，富裕。指物产丰富，衣食足。

民安：老百姓身心安稳。

兵戈：指兵器，也代指军队。

兵戈无用：指的是没有了战争。

崇德兴仁：推崇道德，兴施仁政。

务：致力，从事。

修：在学问、品行方面进行钻研、学习和培养。

礼让：守礼谦让。

凌：欺凌、欺辱、侵犯、欺压。

所：宜，适宜的，为其所需的。

各得其所：原指每个人都得到满足，后指每个人或事物都能得到恰当的安排或舒适的位置。

【译文】

佛陀教育所推行的地方，大到一个国家、一个都市，小至一座村庄，无不承蒙佛陀的教化，使人们都能变化气质，恶变成善、染变成净、邪变成正。世界和平，万邦和睦，风调雨顺，无旱涝风雹等自然灾害。国家的物产丰富，百姓衣食充足，身心安稳自在。国家之间以及国家内部再也没有了战争，推崇道德，兴施仁政，致力于修养守礼谦让的品行。如此，国家必然就不会再有盗窃抢夺之事发生，没有冤枉错案，没有恃强凌弱的现象。每个人都能各如其分，得到满足。（佛陀教育普及推行的地方，必然获得如此的实效和丰硕结果。）

◎大乘修清净、平等、正觉之因，则成智慧、无量寿、庄严之果。

【出处】

释净空教授语。

【注释】

大乘：梵文 Mahāyāna（摩诃衍那）的意译。公元一世纪左右逐步形成的佛教派别。“大乘”强调利他，普度一切众生，提倡以“六度”为主的“菩萨行”，如发大心者所乘的大车，故名“大乘”。

清净：清洁纯净的意思，也指人心境洁净，不受外扰。佛教则赋予清净更深一层的涵义，即远离恶行与烦恼。离恶行的过失，断烦恼的垢染，这是障尽解脱的离垢清净，也指超诸善恶无对待的清净，这是性净解脱的自性清净。

平等：亦译作“舍”，佛教名词，意谓无差别，指一切现象在共性或空性、唯识性、心真如性等方面没有差别。

正觉：意指真正之觉悟。又作正解、等觉、等正觉、正等正觉、正等觉、正尽觉。

因：是佛教的基本原理之一，指业因果报之因。

智慧：梵语“般若”的意译，佛教中所指的超越世俗虚幻的认识，达到把握真理的能力。

庄严：佛教谓以福德等净化身心，有戒、三昧、智慧、陀罗尼四种庄严。

【译文】

大乘佛法所修养的是人的清净、平等、正觉的业因，就会生成智慧、无量寿、庄严的果报。

◎谨言慎行，明哲保身。

【出处】

“谨言慎行”出自《礼记·缁衣》，“明哲保身”出自《诗经·大雅·烝民》。

【注释】

谨：慎重，恭敬。

慎：小心，当心。

明哲：明智，通达事理。

【译文】

小心谨慎地说话做事，洞察事理、聪慧明智的人善于保全自己。

◎知事少时烦恼少，识人多处是非多。

【出处】

释净空教授语。

【注释】

烦恼：担心、挂虑。佛教语，谓迷惑不觉，包括贪、嗔、痴等根本烦恼以及随烦恼，能扰乱身心，引生诸苦，为轮回之因。见《唯识论》卷六。《百喻经·五人买婢共使作喻》："五阴亦尔，烦恼因缘合成此身。而此五阴，恒以生老病死无量苦恼搒笞众生。"南朝梁武帝《净业赋》："抱惑而生，与之偕老；随逐无明，莫非烦恼。"《坛经·般若品》："凡夫即佛，烦恼即菩提。前念迷即凡夫，后念悟即佛。前念着境即烦恼，后念离境即菩提。"明刘元卿《贤奕编·仙释·道无明晦》："实性在凡不减，在圣不增；住烦恼而不乱，居禅定而不寂。性相如如，名之为道。"

是非：对与错，正确与谬误；口舌，纠纷；评论，褒贬。

【译文】

当一个人知道的事情较少的时候，担心和忧虑就会比较少。当一个人认识的人比较多的情况下，是非就会比较多。

◎司马光云："君子囊括不言，以避小人之祸。"

【出处】

《资治通鉴·汉纪》。

【注释】

囊括：括囊，喻闭口不言。

祸：危害，使受灾殃，陷害。

【译文】

司马光说："君子隐匿不发议论，以躲避小人的陷害。”

◎范纯仁云：“戒尔勿多言，多言众所忌。不慎枢机，灾厄从此始。”

【出处】

《戒子侄诗》。

【注释】

枢：户枢，门上的转轴。

机：弩牙，弓弩上的发射机关。

枢机：制动之主，比喻事物的关键。

【译文】

范纯仁说：“你要警戒，不要多说话，多说话为众人所忌。在言语这一关键上不谨慎，灾难就会由此开始。”

◎孔子与恶人言，故逊词以免祸。

【出处】

《少年进德录》。

【注释】

逊词：言词恭顺。

故：故意，特意。

【译文】

孔子与不善的人对话，特意言词恭顺以免产生灾祸。

◎心定者，其言重以舒；不定者，其言轻以疾。此程子教人者也。

【出处】

《近思录·存养》。

【注释】

以：文言连词，同“而”。

重：慎重。

【译文】

心安定的人说话慎重而缓慢，心不安定的人说话轻率而急迫，这是程子教导人的。

◎菩萨三种顺菩提门法：一者，依智慧门，不求自乐，远离我心贪着自身故；二者，依慈悲门，拔一切众生苦，远离无安众生心故；三者，依方便门，怜悯一切众生心，远离恭敬、供养自身心故。

【出处】

《无量寿经优婆提舍愿生偈》(《往生论》)，婆薮盘头菩萨造，元魏菩提留支译。

【注释】

菩萨：佛家语。佛教指修行到了一定程度、地位仅次于佛的人。梵语 bodhisattva 的音译，也是菩提萨埵的省略，菩提是觉悟的意思，萨埵是有情的意思。译为觉有情，又译为大道心众生。

顺：趋向同一方向，沿，循。

菩提：梵文 Bodhi，佛教音译名，指觉悟的境界，又指觉悟的智慧和觉悟的途径。

门：途径，诀窍。

故：事，事情。

方便：《法华文句》解释："方者法也，便者用也。"粗浅来说，方，就是方法；便，就是方便。要有切实便利可行的方法，让众生真能解决问题，叫方便。《法华玄赞》解释："善逗机宜曰便。"

【译文】

菩萨有三种趋向觉悟之道的方法：第一，依循智慧之道，不求自乐，远离令我心对自身贪爱执着的事情；第二，依循慈悲之道，拔除一切众生的苦恼，远离令众生心不安的事情；第三，依循方便之门，生起怜悯一切众生之心，远离供养和恭敬自己身心的事情。

◎勤修戒定慧，息灭贪瞋痴，便能扭转未来，不论是自身健康，家庭幸福，事业成功，乃至世运灾变。

【出处】

释净空教授语。

【注释】

戒定慧：佛教语。指"三无漏法"，即防非止恶、息虑静缘、破惑证真。《坛经·般若品》："变三毒为戒定慧。"

贪瞋痴：佛教语。指贪欲、瞋恚与愚痴三种烦恼。

因贪、瞋、痴能毒害人们的身命和慧命，故称“三毒”，它是世间一切烦恼的根本。

【译文】

勤奋修习戒定慧三无漏学，止息灭除贪瞋痴三毒烦恼，就可以扭转未来，获得自己身心健康，家庭幸福，事业成功，乃至减轻和化解世界的各种灾变。

◎人类大家庭，以和、平，与宽、恕相待，才能共存共荣。和平在自己内心里，唯有爱好中国传统文化，才有幸福人生；唯有爱好和平，才能带来和平。

【出处】

释净空教授语。

【译文】

人类大家庭，以和睦、平等、宽厚、仁恕相互对待，才能共存共荣。和平在自己的内心里，唯有爱好中国传统文化，才有幸福人生；唯有爱好和平，才能带来和平。

◎古今中外大圣、大贤的教诲，才是人类亿万代生存幸福之根基，才是社会、国家、世界永恒长治久安之大道，不可不知也。

【出处】

释净空教授语。

【译文】

古今中外大圣大贤之人的教诲，才是人类亿万代生存和获得幸福的根基，才是社会、国家、世界永恒长治久安的大道，不能不知道啊！

◎东方圣学，皆出自性，修之弘之，福慧无量无边。得人身，遇正教，的是百千劫希有因缘，难逢之事。

【出处】

释净空教授语。

【注释】

自性：佛教语，指诸法各自具有的不变不灭之性。

【译文】

东方的圣贤学问，都是从自性中流出的，修学和弘扬这些学问，能够获得无量无边的福德和智慧。得到人身、遇到圣教，的确是百千劫稀有的因缘，是百千劫难以遭遇的幸事。

◎释迦、孔子第一正知正见，即是“述而不作，信而好古”。此中义境，深广无尽。唯佛与圣，乃能究竟。一切创新者，所不能知耶。

【出处】

释净空教授语。

【注释】

正知正见：即远离一切迷妄颠倒的邪知邪见。例如以不净为净，以苦为乐，以无常为常，以无我为我，都是颠倒。以转迷为觉、了生脱死、离苦得乐、趋向菩提为目的，便是正知正见。以“三法印”、“一实相印”为标准，便是正知正见。

述：传述。

作：创作、创造。

究竟：深入研究；通晓。

【译文】

释迦牟尼佛与孔子的第一等的正知正见，就是“述而不作，信而好古”。这其中的意义与境界，深远广阔没有穷尽。只有佛与圣人，才能透彻明了。这是所有进行创新的人，所不能理解体会的。

◎英人汤恩比言：“解决二十一世纪社会问题，唯有中国孔孟学说与大乘佛法。”孔孟仁义存心，忠恕为用。大乘真诚为体，慈悲妙用。

【出处】

《展望21世纪——汤因比与池田大作对话录》。

【注释】

汤恩比：或译作汤因比，英国著名社会学家、历史学家。

【译文】

英国著名的社会学家汤恩比教授说：“要解决二十一世纪的社会问题，只有依靠中国的孔孟学说与大乘佛法。”孔孟学说以仁义存心，以忠恕为用。大乘佛法以真诚为本体，以慈悲为妙用。

◎深信圣贤教育，能觉悟人性，唤醒人心，回头是岸。汤博士之言诚然。

【出处】

释净空教授语。

【注释】

诚：的确、确实。

【译文】

坚定地相信圣贤的教育，能使人觉悟自己的本性，唤醒人心，回头是岸。汤恩比博士的话的确有道理。

◎三世如来同赞叹，十方菩萨共皈依。

【出处】

《地藏菩萨本愿经》。

【注释】

三世：佛教以过去、现在、未来为三世。

如来：佛的别名。梵语意译。“如”谓如实。“如来”即从如实之道而来，开示真理的人。

十方：指东、西、南、北、东南、西南、东北、西北、上、下十个方位。

皈依：佛教语，归顺依附。

【译文】

三世如来共同赞叹，十方菩萨共同皈依。

◎左传曰：“夫上之所为，民之归也。上所不为，而民或为之，是以加刑罚焉；若上之所为，而民亦为之，乃其所也，又可禁乎？”

【出处】

节选自《左传·襄公二十一年》。

【注释】

归：趋向、归向。

【译文】

《左传》说：“居上位者的所作所为，是百姓的趋向。上位的人不做，而百姓有人做了，因此就可以对他们加以刑罚；如果上面的人做了，而百姓也做，那是势所必然，又怎能禁止得了呢？”

◎易曰：天行健，君子以自强不息。

【出处】

《周易·乾》。

【注释】

健：强壮有力，刚健。

【译文】

《易经》说：（乾卦象征）天道刚健而永恒，运行不已，君子应当效法天道，自我奋发图强，永不止息。

◎保合大和，万国咸宁。

【出处】

节选自《周易·乾》。

【注释】

大和，亦称太和，宇宙原初的自然而然的和谐状态。

万国：即万邦，含万方之义。

咸：皆、全。

【译文】

保持顺应自然原本的和谐关系，天下万方都会安宁太平。

◎君子体仁足以长人，嘉会足以合礼，利物足以和义，贞固足以干事。君子行此四德，居上不骄，在下不忧。

【出处】

节选自《周易·乾》。

【注释】

体仁：躬行仁道。

长：抚育，使……成长。

嘉会：众美相聚。

和义：使事物各得其宜，不相妨害。

贞固：守持正道，坚定不移。

【译文】

君子躬行仁道足可长养大众，众美相聚足可符合礼仪，益于万物足以使万物各得其宜、不相妨害，坚持正道足可以成就事业。君子力行这四种美德，处于尊贵地位时不骄傲，处于卑微地位时不忧虑。

◎同声相应，同气相求。

【出处】

《周易·乾》。

【注释】

应：应和，响应。

【译文】

乐声相同就会互相应和，志趣或气质相类就会互相吸引、聚合。

◎夫大人者，与天地合其德，与日月合其明，与四时合其序，与鬼神合其吉凶。天且弗违，而况于人乎？

【出处】

节选自《周易·乾》。

【注释】

四时：一年的春夏秋冬四季或一日的朝昼夕夜四时。

【译文】

大人的德行与天地相契合，其智慧光明与日月同辉，其进退如同四季一样有序，其所定吉凶如同鬼神所示。上天尚不违背他，更何况人呢？

◎君子以厚德载物。

【出处】

《周易·坤》。

【注释】

载：承载、负担。

【译文】

君子像大地一样，敦厚其德，负载万物。

◎积善之家，必有余庆；积不善之家，必有余殃。

【出处】

《周易·坤》。

【注释】

积：积累。

余庆：指留给子孙后辈的德泽。

殃：祸害，灾难。

【译文】

积累善行的人家，一定会有遗留给后代子孙的德泽；积累不善的人家，一定会有遗留给后代子孙的祸殃。

◎君子敬以直内，义以方外，敬义立而德不孤。

【出处】

《周易·坤》。

【注释】

敬：恭敬，端肃，谨慎。

方：规范、规矩。

【译文】

君子以恭敬谨慎来端正内心，以正义来规范外在的行为，敬和义树立起来，有德行就不会孤单。

◎蒙以养正，圣功也。

【出处】

《周易·蒙》。

【注释】

蒙：蒙童；暗昧不明。

功：功劳，功勋功业；功夫。

【译文】

童蒙时代就培养成纯正无邪的品质，这是至为神圣的功业。（《周易正义》：能以蒙昧隐默自养之道，乃成至圣之功。）

◎容民畜众，开国成家。

【出处】

节选自《周易·师》。

【注释】

畜（xù）：养育。

开：建立。

国：邦，国家。

成：就也。

【译文】

包容百姓，畜养民众；建立邦国，成就家业。

◎小人勿用，必乱邦也。

【出处】

节选自《周易·师》。

【注释】

小人：与君子相对，专指识见浅狭、人格卑劣的人。

【译文】

对于识见浅狭、人格卑劣的小人，千万不能任用，否则必定会扰乱国家，败坏社会。

◎天道亏盈而益谦，地道变盈而流谦，鬼神害盈而福谦，人道恶盈而好谦。谦尊而光，卑而不可踰，君子之终也。

【出处】

《周易·谦》。

【注释】

天道：天理，天之运行法则，即万物的规则、万物的道理，一切事物运行所遵循的自然法则。

亏：减损，减少。

盈：满盈者，自满者。

益：增益。

流：流注，流誉，传播声誉。

踰：通“逾”，逾越，超过，胜过。

终：始终，终久，从头到尾。

【译文】

天之运行法则，是减损满盈者而增益谦卑者；地之运行法则，是改变满盈者而流润谦卑者；鬼神之行动法则，是加祸骄盈者而福佑谦恭者；人之处事原则，是厌恶骄盈者而喜好谦恭者。谦卑的人受人尊贵而心地光明，卑下而不可逾越，此君子所以能始终守谦，而终受其福也。

◎谦谦君子，卑以自牧；劳谦君子，万民服也。

【出处】

《周易·谦》。

【注释】

谦谦：谓谦而又谦也，山在地中为谦，初六又在山之下，故谓谦而又谦。初六阴柔谦逊，低处下卦艮山之下，有谦谦君子之象，以此涉难行险，可获吉祥。

牧：治也，察也，养也。

自牧：自我约束，自养其德之义，乃谓谦谦君子当具厚实的道德基础和必要之克己精神。

劳：有功劳但勤奋匪懈，有如九三终日乾乾，夕惕若之象。

劳谦：谓勤劳而能谦虚也。

【译文】

谦而又谦的君子，谦卑自制，以自养其德；有功劳但勤奋匪懈、守谦不骄的君子，必然会得到万民的景仰和悦服。

◎观民之俗以察己道。百姓有罪，在余一人。君子风著，己乃无咎。化主将欲自观，乃观民也。

【出处】

节选自《周易·观》。

【注释】

观：看，察看。

察：明察，知晓。

风：风纪，风气，风俗。

著：彰显，显现，显扬。

乃：才。

咎：过失，罪过。

【译文】

观察民俗民风，以明察自己的治国之道。百姓犯有过失，其原因在于我自身。君子的德风普遍显扬，我才免却了过失。负责教化的君主想要反观自身，就应观察民风。

◎观乎天文以察时变，观乎人文以化成天下。

【出处】

《周易·贲》。

【注释】

观：看，察看。

天文：指天道自然，日月星辰等天体在宇宙间分布运行等现象。

察：明察，知晓。

时：时序，时令，气候。

人文：社会人伦。

化：教化，感化。

成：成就。

【译文】

观察天道自然的运行规律，以知晓时序变化的规律；观察现实社会中的君臣、父子、夫妇、兄弟、朋友等人伦秩序，来教化并成就天下百姓。

◎君子以多识前言往行，以畜其德。

【出处】

《周易·大畜》。

【注释】

识：通“志”，记住。

前言：前贤的言论。

往行：往日圣贤人的行仪和事迹。

畜：同“蓄”，培养，培植。

【译文】

君子应广泛地学习并牢记古圣先贤的嘉言善行，来积累培养自己的德行。

◎慎言语，节饮食。天地养万物，圣人养贤以及万民。

【出处】

节选自《周易·颐》。

【注释】

节：节制，管束。

养：颐养，蓄养。

【译文】

（君子）说话要谨慎，饮食要有所节制。天地养育万物，圣人颐养贤人，进而才能蓄养万民。

◎圣人感人心而天下和平。观其所感，而天地万物之情可见矣。

【出处】

《周易·咸》。

【注释】

感：感动，感化。

情：感物而动，谓之情也，即是“感”的结果。

【译文】

圣人设教，感化人心，使变恶从善，因而天下和平。观察圣人所感化的（范围之广），天地万物共相感应的情状便可以看得出了。

◎君子非礼弗履，自昭明德，言有物，行有恒，家道正，而天下定矣。

【出处】

节选自《周易·大壮》；《周易·晋》；《周易·家人》。

【注释】

履：实行。

昭：明，见，显示。

物：内容，实质。

恒：持久、永恒。

【译文】

君子应克制自己，绝不涉行不合礼法之事，自显明其品德，言之有物，行之有恒，家道端正，天下也就安定了。

◎君子反身修德，见险能止，赦过宥罪，见善则迁，有过则改，思不出其位，其道光明。

【出处】

节选自《周易·蹇》；《周易·解》；《周易·益》；《周易·艮》。

【注释】

反：通“返”，返回，回归。

赦：免除和减轻刑罚。

宥：宽容，饶恕，原谅。

迁：变更，变动。

【译文】

君子反省自己，修养德行，面对险难能够立即停止，赦免和宽容有罪过的人，见善举则仿效从之，有过错则主动改正，思虑所及不超越自己的本位，其前途便会远大光明。

◎有朋自远方来，不亦乐乎。

【出处】

《论语·学而》。

【注释】

朋：朋友，这里指志同道合之人。

乐：喜悦，愉快。

【译文】

有志同道合的朋友从远方来，不也很愉快吗？（现在这句话经常被用以对远道而来的朋友表示欢迎，之所以喜悦是由于来的朋友是求道而来，有共同的志趣。）

◎顺乎天，应乎人，悦以先民，民劝矣。

【出处】

《周易·兑》。

【注释】

应：符合，顺应，适应。

悦：动词，取悦，使愉快。

劝：劝勉，勉励。

【译文】

顺乎天道而合乎人心，以愉悦之道引导和安抚百姓，百姓就会接受劝勉。

◎节以制度，不伤财，不害民。

【出处】

《周易·节》。

【注释】

节：止，节制，管束。

【译文】

以制度管理约束百姓，做到既不浪费财物，又不伤害百姓。

◎信立而后邦乃化民，各得其所。直而正，静而顺，乖争不作，物无巧竞，敦实之道行，笃信发乎其中矣。

【出处】

节选自《周易正义》："信立而后邦乃化也。柔在内而刚得中，各当其所也。刚得中，则直而正；柔在内，则静而顺；说而以巽，则乖争不作。如此，则物无巧竞，敦实之行著，而笃信发乎其中矣。"

【注释】

乖争：纷争。

作：产生，兴起。

巧：虚浮不实，伪诈。

敦实：敦厚诚实。

笃：深厚。

【译文】

信义建立以后，国家才能教化民众，各得其所。刚直而公正，安静而柔顺，纷争之事不再发生，无人用巧诈的方式竞争财物，敦厚诚实之风盛行，深厚的信义都从人们的内心生发出来。

◎顺其所同则吉，乖其所趣则凶。

【出处】

《周易正义》。

【注释】

乖：不顺，不和谐。

趣：志趣，趋向。

【译文】

顺应其相同的群类则吉，违背其群类的志趣则凶。

◎德合天地，知周万物，道济天下，乐天知命故不忧，曲成万物而不遗。

【出处】

节选自《周易·系辞上传》。

【注释】

济：成就，帮助，救助。

曲：委屈。

成：成就，成全。

【译文】

（圣人）德行与天地相合，智慧遍及万物，以道救济天下，乐天知命，所以没有忧愁，屈曲委细成就万物而没有遗弃。

◎子曰："君子居其室，出其言善，则千里之外应之，况其迩者乎；居其室，出其言不善，则千里之外违之，况其迩者乎。言出乎身，加乎民；行发乎迩，见乎远。言行，君子之枢机，荣辱之主，可不慎乎。"

【出处】

节选自《周易·系辞上传》。

【注释】

迩：近。

枢：户枢，门上的转轴。

机：弩牙，弓弩上的发射机关。

枢机：制动之主，比喻事物的关键。

【译文】

孔子说："君子坐在房室之中，如果所发表的言论是善的，则千里之外也有人响应，何况近在身边的人呢？坐在居室之中，如果所发表的言论是恶的，则千里之外也有人抵制，何况近在身边的人呢？言论出于自身，却施加影响于民众；行为发生在近处，却传播显现于远方。言论和行为，是君子做人做事的关键，是导致荣辱的主要因素，怎么能不谨慎呢？"

◎二人同心，其利断金；同心之言，其臭如兰。

【出处】

《周易·系辞上传》。

【注释】

利：刀口快，针尖锐，与“钝”相对。

臭（xiù）：气味的总称。

【译文】

只要两人心志相同，其锋利足以断截金石；心志相同的言语，其气味如同兰花一样芳香。

◎上慢下暴，盗思伐之矣。慢藏诲盗，冶容诲淫。

【出处】

《周易·系辞上传》。

【注释】

慢藏：疏于治理或保管。

冶：好过分的装饰打扮，妖冶。

【译文】

在上者轻慢，在下者暴虐，盗寇就会思谋攻伐了。财物不妥当收藏，就会引人偷盗；女子在容貌打扮上太妖冶，就会引人淫乱。

◎易，无思也，无为也，寂然不动，感而遂通天下之故。非天下之至神，其孰能与于此。夫易，圣人之所以极深而研几也。唯深也，故能通天下之志；唯几也，故能成天下之务；唯神也，故不疾而速，不行而至。

【出处】

《周易·系辞上传》。

【注释】

寂然：肃静的样子。

通：通晓（没有阻碍，可以穿过，能够达到）。

研几：亦作“研机”，穷究精微之理。

【译文】

《易》本身任运自然、不关思虑，任运自动、不须营造，寂然不动、有感必应，天下万事皆通。若不是天下万事之中至极神妙的，谁能等同于此啊？易道宏大，因此圣人用以穷究研求事物的深奥精微之理。正因为其理深奥，所以能通达天下的意志；正因为其理微妙，所以能成就天下的事务；正因为其神妙无形，所以能不急切而迅速成就，不作为而自至。

◎天之所助者顺也，人之所助者信也。履信思乎顺，是以天佑之，吉无不利。天地之大德曰生，圣人之大宝曰位。守位曰仁；理财正辞，禁民为非，曰义。

【出处】

节选自《周易·系辞上传》，《周易·系辞下传》。

【注释】

履：执行，实行。

【译文】

天所佑助的，是顺从于天地之道的人；人所乐于帮助的，是讲究诚信的人。履行诚信、思顺天道，因此天下皆佑助之，而得到吉祥，凡事无不顺利。天地的盛德是广生万物，圣人最宝贵的东西是名位。能保全名位是为仁；治理好财物，用之有节，正定号令之辞，出之以理，禁约人民为非作歹，是谓之义。

◎善不积，不足以成名；恶不积，不足以灭身。小人以小善为无益，而弗为也；以小恶为无伤，而弗去也。故恶积而不可掩，罪大而不可解。

【出处】

《周易·系辞下传》。

【注释】

伤：妨碍，损害。

【译文】

善行不积累，不足以成就美名；恶行不积累，不至于毁灭其身。小人认为小小的善行没有多大益处而不去做；认为小小的恶行不会带来多大的伤害而不改过。所以恶行不断积累以致不可掩盖；罪责不断加大以致无法解脱。

◎子曰："君子安其身而后动，易其心而后语，定其交而后求。君子修此三者，故全也。"

【出处】

节选自《周易·系辞下传》。

【注释】

易：和悦，平易。

全：使不受损伤，保全。

【译文】

孔子说："君子使自己立身安定之后才行动，使自己内心和平之后再发表言论，使交情稳定之后再有所要求。君子在这三个方面加强修养，所以能保全自己，无所偏失。"

◎君子安不忘危，存不忘亡，治不忘乱，是以身安，而国家可保也。

【出处】

节选自《周易·系辞下传》。

【注释】

乱：社会动荡，战争，武装骚扰。

国家：邦国和家族。

【译文】

君子身处安泰而不忘危难，生存而不忘死亡，国家太平而不忘动乱，因此，自身可得常安且国家得以永保。

◎天之道，曰阴与阳；地之道，曰柔与刚；人之道，曰仁与义。

【出处】

节选自《周易·说卦传》。

【译文】

天的运行规律是阴与阳，地的运行规律是柔与刚，人的处世准则是仁与义。

◎中国特色

五伦：父子有亲、夫妇有别、君臣有义、长幼有序、朋友有信。

五常：仁、义、礼、智、信。

四维：礼、义、廉、耻。

八德：忠孝仁爱，信义和平。

重义，循理。

【出处】

五伦：出自《孟子·滕文公上》。

五常：仁、义、礼、智由孟子提出，董仲舒扩充为仁、义、礼、智、信，后称为五常。

四维：出自《管子·牧民》。

八德：由孙中山先生提出。

【注释】

五伦：是中国古代圣哲先贤，根据社会人际最小的自然关系（二人）构成，总结的五种天然、常规的人伦道德行为准则，即父子有亲、君臣有义、夫妇有别、长幼有序（原文：叙）、朋友有信。

五常：是五种根本的德行，就是天然、永远不变的恒常规律，一刻不能违背，不可以须臾离开的道德准则，是人生必须具备的行为规范，即仁、义、礼、智、信。

四维：支撑房子四角的栋梁，此引喻维系社会安定的四种重要的道德伦理纲常，即礼、义、廉、耻。

八德：人应当具备的八个方面的基本道德，即忠、孝、仁、爱、信、义、和、平。

重：重视、注重。

循：遵守，遵循，依照。

【译文】

中国文化的特色内容包括五伦、五常、四维、八德等。

五伦关系包括：一、父子有亲（人伦关系的血缘化），父母教化子女要仁慈，子女侍奉父母要孝顺，父慈子孝，自然父子有亲也。二、君臣有义（社会人际关系的政治化。君指领导者，臣指被领导者。），君使臣以礼，臣事君以忠，君自正，臣则忠，自然君臣有义也。三、夫妇有别（男女两性关系社会合法化），夫妻各司其职，尽其责任。妻相夫教子，事夫君尽温和，夫爱护贤妻，妻敬爱夫君，夫唱妇随，家有大小事情夫妻商议而行，自然夫妻有情有义也。四、长幼有序（人生血缘关系的亲属化），长为兄，幼为弟，兄爱小弟，小弟敬兄，兄宽弟忍，一团和气，祖业家财不争不贪，自然长幼有序也。五、朋友有信（社会人际关系的人性化），与朋友交往言而有信，若有过错，劝而改之，若有善事助而成之，不论贫富，一视同仁，遵循道德义务来往，自然朋友有信也。以上乃是五伦之道，人遵五伦，天降吉祥也。

五常包括：

仁：二人也，仁者爱人。即待人宽容，厚道，和蔼。

义：宜也，即适宜的处理人际关系的行为准则，亦为做事能合正道的意思。

礼：礼者天理之节序，人事之仪则也；处理好天地人关系的、表现道德文化的典章制度、具体仪规等；表示敬意和尊敬的态度和行为。

智：才识智能，智慧。

信：诚实，真心诚意，言而有信。

四维包括：

礼：礼者天理之节序，人事之仪则也；处理好天地人关系的典章制度、具体仪规等；表示敬意和尊敬的态度和行为。

义：宜也，即适宜的处理人际关系的行为准则，亦为做事能合正道的意思。

廉：廉就是清清白白，端端正正的意思，无私欲无邪念，不做亏心等恶事也。

耻：耻者为人之本性，本性纯善而无恶，所谓人之良心，羞恶之心人皆有之，人有了羞恶之心才能知耻，知耻之人做事光明正大，不知耻者心身不端正。

八德包括：

忠：忠诚无私，尽心竭力。

孝：尽心奉养、平和顺从父母长辈。

仁：对人亲善、仁爱。

爱：仁慈博爱，泛爱大众。

信：诚实、不欺骗；讲信用。

义：合情合理，适宜的道德行为。

和：相安、和谐；友善。

平：平易、公正；天下太平。

重义循理，是中国传统文化的特色。

◎明明德（体也），真实之际，真如自性。

亲民（相也），真实之利，大悲大慈。

止于至善（用也）（清净平等觉），真实智慧，善巧方便。

落实在：

格物：格除物欲。

放下：自私自利，名闻利养，五欲六尘，贪瞋痴慢。

致知：发菩提心，深信因果，读诵大乘，劝进行者。

诚意：不执着，不分别，不起心，不动念。

正心：仁、义、忠、恕，推己及人。

修身：五伦、五常、四维、八德（五戒、十善）。

齐家：家道、家规、家学、家业。

治国（共和）：法，国之本也；人（圣贤君子），法之根源也。

平天下（太和）：国、政、族、教，平等对待，和睦相处。

汤，以七十里王天下；文王，以百里王天下。

【出处】

选自《大学》、《孟子》等。

【注释】

明德：人之所得乎天，而虚灵不昧，以具众理而应万事者也。即人人本具的光明性德。

亲（新）：革新、弃旧图新。

清净平等觉：《无量寿经》的经题，即成就清净心、平等心，彻底觉悟，明了宇宙人生的真相。

名闻利养：佛教语，谓名声远闻与以利养身。指可使人心性堕落的名利。

五欲：佛教谓色、声、香、味、触五境起的情欲，亦谓财欲、色欲、名欲、饮食欲、睡眠欲。

六尘：佛教语，即色、声、香、味、触、法。与“六根”相接，便能染污净心，导致烦恼。

贪瞋痴慢：佛教指贪爱无度、瞋恨、愚痴无明、傲慢自大等烦恼。

菩提心：指无上正等正觉之心，即真诚心、清净心、平等心、正觉心、慈悲心。

大乘：此指大乘佛教的经典。

行者：佛教语，泛指修行佛道之人。

五戒：佛教中在家的男女教徒所应遵守的五项戒律，即不杀生、不偷盗、不邪淫、不妄语、不饮酒。

十善：佛教语，不犯十恶，即是十善。佛教以杀生、偷盗、邪淫、妄语、两舌、恶口、绮语、贪欲、瞋恚、邪见为十恶。

王（wàng）：动词，古代指统治者谓以仁义取得天下。

【译文】

明明德（体：本体，根本。），即彰明每个人自性本具的光明性德，这是人生的真实之际，真如自性的本体。

亲民（相：形相，形式。），就是使人民弃旧图新、去恶从善，这是让人们获得真实的利益，是大慈大悲的表现。

止于至善（用：用途、作用。），就是将明明德与亲民做到最完善的地步，即达到清净、平等、觉悟。这是真实智慧，善巧方便。

要实现以上目标，应逐步落实在以下方面：

格物：就是从内心格除各种物欲。

放下：即放下自私自利，名闻利养，五欲六尘，贪瞋痴慢。

致知：通过正道修习，在身体力行中努力精进，渐渐达到明心见性，获得通达无碍的智慧。具体要做到：发菩提心，深信因果，读诵大乘，劝进行者。

诚意：使自己的意念纯正，真正做到不执着、不分别、不起心、不动念。

正心：端正自己的心念。做到仁、义、忠、恕，推己及人。

修身：修养自己的心性，修正自己不善的行为。具体要落实五伦、五常、四维、八德。或者佛教的五戒、十善。

齐家：治家，管理自己的家族。要有家道、家规、家学、家业。

治国（共和）：治理国家政务，使强盛安定。法律是治国之本；圣贤君子是法（制定法律和秉公执法）的根源。

平天下（太和）：使天下太平。要使各个不同的国家、政党、种族、宗教之间能平等对待，和睦相处。

商汤以德治仁政施予七十里土地的百姓，周文王以德治仁政施予百里土地的百姓，让他们安居乐业，和谐、安定、太平，给天下做榜样，成了使天下诸侯尊服敬从的君王。

◎君子养心，莫善于诚，致诚无他，唯仁之守，唯义之行。诚心守仁，则能化；诚心行义，则能变。变化代兴，谓之天德。不诚，则不能化万物；不诚，则不能化万民。诚者，君子之守而政事之本也。君子耻不修，耻不信，耻不能，不耻不见用。是以不诱于誉，不恐于诽，率道而行，端然正己，不为物倾侧，是谓之君子。

【出处】

节选自《荀子·不苟》。

【注释】

诚：即《大学》诚意之诚，诚实，真诚。

致：同“至”，极也。

守：保持、保守。

化：化育，感化，此指引诱向善。

代：更也。凡以此易彼，以后续前，皆曰“代”。

天德：合乎自然规律的德行。

率：遵循，沿着。

道：道义。

【译文】

君子养心没有比诚意更好的了，要做到至诚，没有别的方法，只有守住仁德，只有奉行道义。真心实意地坚守仁德，就能感化别人；真心实意地奉行道义，就能变易人们的旧习。变易旧习与感化轮流起作用，这就叫做天德。不真诚就不能化育万物；不真诚就不能感化万民。真诚，是君子的操守，政事的根本。君子以不进行自我修养为耻，以不能坚守诚信为耻，以缺乏才干为耻，而不以不被重用为耻。因此，君子不被荣誉所诱惑，也不因毁谤而恐惧，遵循道义来做事，端正自己的修为，不被外界事物迷惑颠倒，这才称得上是君子。

◎有乱君，无乱国；有治人，无治法。禹之法未亡，而夏不世主；文武之法犹存，而周不世王。故法不能独立，得其人则存，不得其人则亡。法者，治之端也；人（君子）者，治之源也。故有君子，法虽省，足以遍矣；无君子，法虽具，足以乱矣。故明主急得其人，身逸而国治。爱民而安，好士而荣。公道达而私门塞，公义明而私事息。德厚者进，而佞悦止；贪利者退，而廉节者起。

【出处】

节选自《荀子·君道》、《荀子·强国》。

【注释】

法：法令、规范、模式。

世：父子相继为一世，引申为继承。

端：开头。

省：减少，精简。

足：完全，能够。

遍：普遍、遍及。此处指普遍得到治理，与下文“乱”相对。

具：具备，有，引申为完备。

急：迫切、紧急。

逸：闲适、安乐。

身：自己，自身。

达：到达、通达。

私：偏私、不公道。

塞：遏止、禁止。

明：明显，明确。

息：停止、停息。

进：任官、出仕；晋升。

佞：巧言谄媚的人。

悦：使愉悦。

退：离开，辞去官职。

起：举用。

【译文】

有昏乱的君主，没有混乱的国家；有治国的人才，没有自行起作用的法制。夏禹的治国法规没有灭亡，但是夏桀并没有继承夏主的遗志；文王武王时的法度尚存，但是周朝的后代也没有世代称王天下。所以法规不能孤立地存在，有了圣明的君主，法规才会存在，失去了圣明的君主，法规也会随之消亡。法制，是治理国家的本源，而人（君子），是法制的本源；所以有了贤人君子，法律即使简略，也能够使国家普遍得到治理；如果没有贤人君子，法律即使很完备，也会使国家混乱。所以圣明的君主迫切得到治国的贤才君子，得到了这样的人，自身就可以很安逸，而国家也能得到很好的治理。爱护自己的子民就能获得安宁，喜爱贤士就能获得荣耀。使公道通达就能遏止偏私，使公义明确就能使私事止息。让德行仁厚的人任官和得到晋升，就能让巧言谄媚的人止步。让贪图利益的人得到辞退，就能使廉洁的人得到举用。

◎诸佛教人，持戒、修定、开慧。所谓因戒得定，因定开慧。戒者，规矩也，不以规矩，不成方圆。故持戒必先弟子规，次感应篇，次十善业、沙弥律仪，以奠根基。再以两年，熟背古文二百篇，取得文言文之金钥匙，则阅览四库，深入三藏，可以得心应手矣。而后，于儒释道，取其一经一论，一门深入，十年熏修。

【出处】

释净空教授语。

【注释】

持戒：遵行戒律。

感应篇：指《太上感应篇》。

十善业：指《十善业道经》。

沙弥：佛教出家五众之一，指依照戒律出家，已受十戒的七至二十岁男性修行者。

律仪：僧侣遵守的戒律和立身的仪则。

三藏：梵文意译。佛教经典的总称。分经、律、论三部分。经，总说根本教义；律，记述戒规威仪；论，阐明经义。

熏修：佛教语。谓净心修行。

【译文】

诸佛教导人们，要持戒、修定、开慧。所谓因戒得定，因定开慧。戒的意思是规矩，不以规矩，不成方圆。因此持戒必须要首先学习《弟子规》，然后学习《太上感应篇》，而后学习《十善业道经》和《沙弥律仪》，以此来奠定成佛、成圣、成贤的根基。再用两年的时间，熟练背诵二百篇古文，取得文言文的金钥匙，那么阅览《四库全书》，深入经、律、论三藏典籍，就可以得心应手了。然后从儒释道的经典中选取一本经论，一门深入，进行十年的熏修。

◎“教之道，贵以专。”十年专攻一经，即是持戒。常人三四年，即可得三昧（定），六七年不能彻悟，亦当成大悟（慧）。悟后起修，学儒必成圣贤、君子，学佛则成佛、菩萨，学道则成神、仙。此乃是人生真实大事因缘也。愿天下有志者事竟成。

【出处】

释净空教授语。“教之道，贵以专。”出自《三字经》。

【注释】

三昧：佛教用语，梵文 Samādhi 的音律，意思是止息杂念，使心神平静，是佛教的重要修行方法。

攻：深入钻研。

【译文】

“教之道，贵以专。”用十年的时间专门攻学一部经典，就是持戒。平常人三四年后就可以得三昧（定）。六七年后即使不能做到大彻大悟，也能成大悟（开慧）。悟了之后开始修行。学儒一定能成为圣贤、君子。学佛则能成佛、菩萨。学道则能成为神、仙。这才是人生中最真实的大事和最稀有的因缘。愿天下有志者事竟成。

◎金刚经云：若有善男子、善女人，受持读诵此经，若为人轻贱，是人先世罪业，应堕恶道，以今世人轻贱故，先世罪业，即为消灭，当得阿耨多罗三藐三菩提。

【出处】

《金刚经》。

【注释】

受持：佛教语。谓领受在心，持久不忘，依照实行。

罪业：佛教语，指身、口、意三业所造之罪，亦泛指应受恶报的罪孽。

阿耨多罗三藐三菩提：梵语的译音。意译为“无上正等正觉”。一译为“无上正遍知”。是佛无上觉智。佛教认为得到这种无上的、正确的、普遍的觉智，即名为

“佛”。

【译文】

《金刚经》中说：假如有善男善女受持读诵这部经时，反而被人轻贱，这个人前世所造的罪孽，本应当堕落到恶道的，由于在今世受人轻贱的缘故，他前世的罪孽，就会消灭，必当证得无上正等正觉。

◎涅槃云：定（不分别）多慧（分别）少，不离无明；定少慧多，增长邪见。

【出处】

《顿悟入道要门论》。

【注释】

涅槃：此指《涅槃经》，是佛教经典，又称《大本涅槃经》、《大涅槃经》。

慧：佛语中指对一切善恶都能分别。

定：在对一切善恶都能分别之后，还能做到不起爱憎，不随所染，即为定。

无明：梵语的意译。谓痴愚无智慧。狭义上指邪见，让人执着于各种对象，非破除之不足以达到解脱或开悟。

邪见：佛教指无视因果道理的谬论。凡是不合正法的外道之见都可叫做邪见。

【译文】

《涅槃经》中说：若定多慧少，则无法脱离无明；若定少慧多，则会增长邪见。

◎忍辱第一道，先须除人我，事来无所受（不执着也），即是真菩提。

【出处】

《顿悟入道要门论》。

【注释】

忍辱：是佛家用语，意指无生法忍，忍受诸侮辱恼害而无恚恨，是菩萨修的六波罗密（六度）之一。

菩提：梵文 Bodhi，佛教音译名，指觉悟的境界，又指觉悟的智慧和觉悟的途径。

【译文】

修忍辱最高明的方法，首先必须去除人我之分。事来无所受（不执着），这就是真智慧。

◎大珠和尚云："我今意况大好，他人骂时无恼，无言不说是非，涅槃生死同道，识达自家本宗，犹来无有青草。一切妄想分别，将知世人不了。寄言凡夫末代，除却心中蒿草。"

【出处】

《顿悟入道要门论》。

【注释】

意况：指情态、情趣。

犹来：由来，历来，自始以来。

青草：在此比喻丛生的妄想分别等心念。

识达：识见并洞达。

寄言：寄语。

凡夫：谓未见四谛之理的凡庸浅识者，人世间的俗人。

末代：末世。此指佛教“末法时期”。佛法共分为三个时期，即正法时期、像法时期、末法时期。释迦牟尼佛入灭后，一千年为正法时期，此后一千年为像法时期，再后的一万年就是末法时期。

【译文】

大珠和尚说：“现在我的境况很好，别人骂我时不会烦恼，默然不说是是非非，证得生死不二的涅槃境界，洞达自己的本性，从来没有杂念。一切的妄想分别，预知世间俗人不得了解。向末法时期的凡夫寄言，去除心中的杂念。”

◎孔子曰：“道者所以明德也，德者所以尊道也。是故非德不尊，非道不明。”

【出处】

《大戴礼记·主言》。

【注释】

明：一为明白、清楚；二为懂得、了解；三为弘扬、彰显。

德：指品行、品质、道德，性德。

明德：语出《礼记·大学》（“大学之道，在明明德”），即恢复人人本具的光明性德。

【译文】

孔子说：“所谓的‘道’，就是恢复人人本具的光明性德的途径；所谓的‘德’，就是尊崇和服从自然之道的表现。因此，不遵行德，就不能示现道的尊贵；不遵循道，就不能彰明性德。

◎虽有国焉，不教不服，是故昔者明主，内修七教，外行三至。七教修焉，可以守；三至行焉，可以征。七教不修，虽守不固；三至不行，虽征不服。

【出处】

节选自《大戴礼记·主言》。

【注释】

七教：古指敬老、尊齿（敬重年长者）、乐施、亲贤、好德、恶贪、谦让七种教育。

三至：至礼，至赏，至乐。

至：极，最。

守：保持，卫护。

征：征服。

【译文】

即使取得了国家政权的君主，不实行道德教化人民，人民也不会服从。所以，古代贤明的君主，对内（自己）以身作则践行敬老、尊齿、乐施、亲贤、好德、恶贪、谦让七种教育（七教），对外用最高明的礼、赏、乐（三至）来治理国民。“七教”修养好了，就能护卫国家坚如磐石。推行“三至”，就自然能征服天下。如果不修养“七教”，虽然护卫国家却不能牢固。如果不施行“三至”，即使出兵讨伐敌人也难以征服。

◎孔子曰："上敬老则下益孝，上顺齿则下益悌，上乐施则下益谅，上亲贤则下择友，上好德则下不隐，上恶贪则下耻争，上强果则下廉耻。民皆有别，则贞、则正，亦不劳矣，此谓七教。七教治民之本也，教成是正矣。"

【出处】

节选自《大戴礼记·主言》。

【注释】

齿：因幼马每岁生一齿，故以齿计算牛马的岁数，亦指人的年龄。在此指长者。

悌：敬爱哥哥，引申为顺从长上。

施：给予。

谅：宽恕；信实。《说文解字》：谅，信也。从言京声。

隐：藏匿，不显露。

强果：坚强果敢。

别：差别，分类。在此引申为分工。

贞：坚定，有节操。

正：①不偏斜，与"歪"相对。②合于法则的。③合于道理的。

【译文】

孔子说："在上位的人尊敬老者，在下位的人就会更加懂得孝敬。在上位的人恭顺长者，在下位的人就会更加懂得敬顺长上。在上位的人乐于给予接济别人，在下位的人就会更加懂得宽恕和信实。在上位的人亲近有贤德的人，在下位的人就会更加懂得如何选择朋友。在上位的人爱好德行，在下位的人就不会对上有所隐藏。在上位的厌恶贪婪，在下位的人就会以贪争为耻。在上位的人坚强果敢，在下位的人就会有廉操与知耻。人们都能各守本分、各尽职责，就能坚定有节操，就能中正，也不劳苦。这就是所谓的七教。七教是治理人民的根本。七教能成功，（人民）就能合于正道而不偏邪了。”

◎上者，民之表也。表正，则何物不正。是故君先立于仁，则大夫忠，而士信，民敦，工璞，商悫，女孝，妇听。七教之志也。

【出处】

节选自《大戴礼记·主言》。

【注释】

表：标志，榜样。

物：指自己以外的人或跟自己相对的环境。

立：做出，定出。

敦：厚道，笃厚。

璞：喻人的天真状态，质朴，淳朴。

悫（què）：诚实，谨慎。

听：顺从，接受别人的意见。

志：意向。《说文》：志，从心之声。志者，心之所之也。此可解为目标、目的。

【译文】

在上位的人，是人民的榜样。榜样端正，那环境中还会有什么人事不正呢？因此，君王先做出仁德的表率，那么大夫就会忠诚，读书人就会诚信，人民就会厚道，工匠就会淳朴，商人就能诚实谨慎，女子就能孝顺，妇人就会顺从。这就是七教所要达到的目标。

◎上之亲下也如腹心，则下之亲上也如保子之见慈母也。上下相亲如此，然后令则从、施则行。

【出处】

节选自《大戴礼记·主言》。

【注释】

腹心：肚腹与心脏，皆人体重要器官。

保子：襁褓中的婴儿。

令：上级对下级的指示。

【译文】

如果在上位的人关怀在下位的人能如同爱护自己的腹心一般，那么在下位者亲爱在上位者就会像襁褓中的婴儿对待慈母那样真诚地依顺。上下之间能这样相互亲爱，然后政令就会得到遵从，措施就能得到推行。

◎明主因天下之爵，以尊天下之士，此之谓至礼不让而天下治；因天下之禄，以富天下之士，此之谓至赏不费而天下之士说，则天下之明誉兴。此之谓至乐无声而天下之民和。

【出处】

节选自《大戴礼记·主言》、《孔子家语·王言解》。

【注释】

因：依，顺着，沿袭。

爵：君主国家贵族封号。

士：古代统治阶级中次于卿大夫的一个阶层；旧时指读书人；对人的美称。

至：极，最。

禄：古代官吏的俸给。

让：不争，谦让。

费：用钱财，花费，消耗。

说：同“悦”，高兴，愉快。

明誉：美誉，好名声。

兴：流行，盛行。

【译文】

贤明的君主依照天下的爵位，而使天下的贤能之人得到尊敬，这就是最高明的礼不需相让就能使天下得到治理。依照天下的禄位，而使天下的贤能之人得到财富，这就是最高明的赏赐，不需耗费财物就能使天下的贤能之人高兴愉悦。于是天下贤士的美好名声就会盛行，这就是最高明的音乐，没有声音而使天下的民众都和睦协调。

◎所谓天下之至仁者，能合天下之至亲；所谓天下之至知者，能用天下之至和者也；所谓天下之至明者，能选天下之良者也。此谓三至。

【出处】

节选自《大戴礼记·主言》。

【译文】

所谓天下最仁德的人，是能把天下团结成为一家那样亲密无间的人；所谓天下最有智慧的人，是能协调天下分歧的意见相辅相成、成为最和谐的人；所谓天下最圣明的人，是能选任天下最贤能者的人。这就是三种极致。

◎仁者，莫大于爱人；知者，莫大于知贤；政者，莫大于官贤。中庸曰：为政在人也。

【出处】

《大戴礼记·主言》；《礼记·中庸》。

【注释】

“知者”的知：音 zhì，古同“智”，智慧。

“知贤”的知：音 zhī，晓得，明了。

贤：有道德、有才能的人。

官：使担任职务，任用。

【译文】

所谓仁，最大的仁莫过于亲爱天下的人；所谓智，最大的智莫过于能识别洞察出贤能之士；所谓为政，最贤明的政治莫过于选拔任用贤能之士（为官）。《中庸》上说，为政者的成功就在于得人（得贤臣）。

◎孔子曰：“古之为政，爱人为大，所以治。爱人，礼为大，所以治。礼，敬为大，敬之至也。是故君子兴敬为亲，舍敬是遗亲也，弗爱不亲，弗敬不正。爱与敬，其政之本与！”

老人言

【出处】

节选自《大戴礼记·哀公问于孔子》。

【注释】

大：程度深，性质重要。

治：安定。

兴：举办，发动。

为：做，建立。

舍：放弃，舍弃。

与（yú）：同“欤”，文言助词，表示疑问、感叹、反诘等语气。

【译文】

孔子说：“古代从事政治的人，以爱养人民为最重要，所以能得到安定。爱养人民，以礼为最重要，所以能得到安定。礼，以恭敬为最重要，恭敬是重要至极的。因此君子兴起敬意建立亲爱，舍弃恭敬就是舍弃相亲之道。不能爱人就不能相亲爱，不能恭敬就不能合于正道。爱与敬，就是政教的根本吧！”

◎三代明王之政，必敬其妻子也。有道妻也者，亲之主也，敢不敬与？子也，亲之后也者，亲之后也，敢不敬与？君子无不敬也，敬身为大，身也者，亲之枝也，敢不敬与？不能敬其身，是伤其亲，伤其本，伤其枝也。

【出处】

节选自《群书治要·孔子家语》。

【注释】

三代明王：指夏商周三代的贤明君王。

政：政事，指家庭或团体的事务。

敬：尊敬、尊重。

亲：父母。

主：监护人，主事人。

后：后代，子孙。

身：自身，自己。

枝：枝叶，此处指其后代子孙。

【译文】

（从前）夏商周三代明王为政，必然是敬重爱护他们的妻子儿女。有道是，妻子是父母最主要的依靠，岂敢不敬重？子女，是父母的后代，岂敢不敬重？君子没有不敬重的，最重要的是敬重自身，自身是父母的枝叶，岂敢不敬重？不能敬重自身，就是伤害了父母，伤害了根本，就伤害了其枝叶。

◎礼有三本：天地者，性之本也；先祖者，类之本也；君师者，治之本也。无天地焉生？无先祖焉出？无君师焉治？

【出处】

《大戴礼记·礼三本》。

【注释】

性：本性。

类：人类。

治：治理、管理。

出：产生，发生。

【译文】

礼有三个根本：天地，是自性的根本；先祖，是人类的根本；贤明的君主和老师，是政治的根本。没有天地怎能生养万物？没有先祖怎会有人类产生？没有贤明的君主和老师怎能治理得好国家呢？

◎孔子曰："以旧礼为无所用而去之者，必有乱患。"故婚姻之礼废，则夫妇之道苦，而淫辟之罪多矣；乡饮酒之礼废，则长幼之序失，而争斗之狱繁矣；聘射之礼废，则诸侯之行恶，而盈溢之败起矣；丧祭之礼废，则臣子之恩薄，而倍死忘生之礼众矣。凡人之知，能见已然，不能见将然。礼者，禁于将然之前，而法者，禁于已然之后。是故法之用易见，而礼之所为生难知也。曰，礼云，礼云，贵绝恶于未萌，而起敬于微眇，使民日徙善、远罪，而不自知也。

【出处】

节选自《大戴礼记·礼察》。

【注释】

以：认为，以为。

苦：困扰。

淫：放纵，过分。

辟：邪僻、淫乱。

乡饮酒礼：周代乡学三年业成大比，考其德行道艺优异者，荐于诸侯。将行之时，由乡大夫设酒宴以宾礼相待，谓之“乡饮酒礼”。

失：丧失，失掉。

狱：官司。

繁：多、盛。

聘射：古代诸侯间遣使通问修好，持弓矢行射礼以扬威武，谓之“聘射”。

恶：罪恶，不良行为。

盈：充满。

溢：满、充满。

丧祭：古丧礼。葬后之祭称丧祭。

薄：微小，少。

倍：通“背”，背叛。

知：通“智”，聪明、智慧。

禁：禁止、禁令、禁忌。

绝：杜绝，断绝。

萌：开始发生。

微：微小、轻微。

徙：迁移。

【译文】

孔子说：“认为旧礼无用而废除，必然会有惑乱忧患。”所以婚姻的礼仪废除，那么夫妇间的道义就会受到困扰，邪僻放纵的事情就会多起来；乡里饮酒的礼废除，那么长幼的次序就会丧失，而争斗的官司就会繁多了；聘射的礼废除，那么诸侯的行为就会恶劣，则因骄满奢侈而起的败落就出现了；丧祭的礼仪废除，那么臣子就会薄情寡义，则背叛死去的人忘记活着的人，这样的情形就多起来了。凡人的智慧，能看到已经发生的，不能看到将要发生的。礼仪，在将要发生之前就予以禁止；而法令，则禁止于已经发生之后。因此法令的作用容易看到，而礼仪所产生的效果就很难知道。所谓礼啊礼啊，贵在杜绝罪恶于萌发之前，而从小事上培养恭敬之心，使人民在不知不觉中日日依从善道，远离罪恶。

◎为人主计，莫如安审取舍。取舍之极定于内，安危之萌应于外也。安者，非一日而安也；危者，非一日而危也，皆以积然，不可不察也。善不积不足以成名，恶不积不足以灭身。而人之所行，各在其取舍。

【出处】

《大戴礼记·礼察》。

【注释】

计：盘算、谋划、计谋。

安：安心。

审：明白、清楚。

极：标准、准则。

定：决定、确定。

萌：草木发芽，引申义，开始发生。

察：考察。

行：做。

【译文】

为人君者进行筹划，最重要的是安下心来，审慎取舍。取舍的标准在内心确定，安危的苗头就从外面的境况应现。安定，不是一天就能安定；危难，也不是一天就会危难，都是由于积累而成的，不能不进行考察。善不积累就不能够功成名就，恶不积累也不足以毁灭自身。而人们所做的，都在于他们各自的取舍。

◎以礼义治之者积礼义，以刑罚治之者积刑罚。刑罚积而民怨倍，礼义积而民亲和。

【出处】

《大戴礼记·礼察》。

【注释】

积：积蓄、积累。

治：治理，管理。

刑：刑罚，刑法。

怨：怨恨、仇恨。

倍：通“背”，背叛。

亲：亲爱、亲近、亲密。

和：和睦、协调。

【译文】

以礼义治理国家就会积累礼义，以刑罚治理国家就会积累刑罚。刑罚积累，那么人民就会怨恨背叛；礼义积累，那么人民就会亲密和睦。

◎汤武置天下于仁义礼乐，而德泽广育四夷，累子孙三十余世，历年久六八百岁，此天下共闻之也；秦王置天下法令刑罚，德泽无一有，而怨毒盈世，民憎恶如仇雠，祸几及身，子孙诛绝，此天下所共见也。夫用礼乐仁义为天下者，行五六百岁犹存；用法令为天下者，十余年即亡，是非明学大验乎！今人或言礼义不如法令，教化不如刑罚，人主胡不承殷周秦事以观之乎？

【出处】

节选自《大戴礼记·礼察》。

【注释】

置：设置，建立，设立。

德泽：恩德，恩惠。

育：抚养，教育。

四夷：是古代华夏族对四方少数民族的统称，指东夷、西戎、南蛮、北狄。

怨：仇恨，怨恨。

毒：祸患。

雠：同“仇”，仇恨，仇怨。

验：证据，凭证。

【译文】

商汤和周武王以仁义礼乐来建立国家，而恩德广泛地教化着四夷，子孙共三十多代，历经了六百到八百年之久，这是天下所共知的。秦始皇以法令刑罚来建立国家，没有施行任何恩惠，而怨恨和祸患充满着整个社会，民众憎恨厌恶如仇敌一般，灭亡的灾祸都要降临到自己身上，子孙断绝，这是天下所共见的。用礼乐仁义治理天下的，五六百年仍旧得以维持。用法令治理天下的，十几年就灭亡了。这难道不是明显的证明吗？如今有人可能说礼义不如法令，教化不如刑罚，当权者为何不参照商、周、秦三朝的史实来观察呢？

◎殷为天子，三十一世六百二十九年，而周受之。周为天子，三十七世八百六十七年，而秦受之。秦为天子，二世而亡，凡十有五年。人性非甚相远也，何殷周有道之长，而秦无道之暴，其故可知也。

【出处】

《治安策》。

【注释】

凡：总共。

暴：突然死亡或灭亡。

【译文】

殷商的天子传了三十一代，共六百二十九年，然后由周继承。周朝的天子传了三十七代，共八百六十七年，然后由秦继承。秦王朝的天子只传了两代就灭亡了，总共才有十五年的时间。人性相比不会差距非常远，为什么商周的君主以道德治世维持了长期的统治，而秦王朝的君主残暴无道以致突然灭亡呢？这个原因是可以知道的。

◎周武王崩，成王十岁，召公为太保，周公为太傅，太公为太师。保，保其身体；傅，傅其德义；师，导之教训。此三公之职也。于是为置三少，皆上大夫也，曰少保、少傅、少师，是与太子宴者也。故孩提三公、三少，固明孝、仁、礼、义以导习之也，逐去邪人不使见恶行，于是选天下端士，孝悌闲博有道术者以辅翼之，使之与太子居处出入，故太子乃见正事、闻正言、行正道。左视右视前后皆正人，夫习与正人居，不能不正也。孔子曰："少成若天性，习贯之为常。"此殷周之所以长有道也。

【出处】

《新书·保傅》。

【注释】

宴：假借为"安"，安闲，安逸，闲居，一般指公余无事时。

固：本，原本。

端士：指端庄正直的人。

闲：同"娴"，熟习，文雅。

博：渊博，知道得多。

【译文】

周武王驾崩的时候，周成王才十岁。召公任太保，周公任太傅，姜太公任太师。"保"是保养成王的身体；"傅"是教授他道德和仁义；"师"是以训导来指引他；这是三公的职责。后来又设立了三少，任职的都是上大夫，称为少保、少傅、少师。他们是和太子宴游时在一起的人。所以幼年时候有三公、三少，他们本就通晓孝、仁、礼、义并以此来引导和教习太子，驱逐奸邪之人使太子不会见到恶行，挑选天下正直的人，孝悌、文雅、学识渊博并且有道德、有才智的人来辅佐他，让这些人和太子朝夕相处，因此太子就能看到合宜的事情，听到正直的言辞，实行正确的治国之道。环顾四周都是正直的人，长期与正直之人相处，不可能不正直。孔子有言："幼年的时候若养成了天性，就会习惯以为常。"这就是商周所以能长久治国有道的原因。

◎太任孕文王，目不视恶色、耳不听淫声、口不出恶言，故君子谓太任为能胎教也。古者妇人孕子之礼，必慎所感，感于善则善，感于恶则恶，不可不慎也。

【出处】

《列女传·周室三母》。

【注释】

恶色：邪恶的事物。

淫声：淫邪的乐声，古代以雅乐为正声，以俗乐为淫声。

【译文】

太任怀孕文王的时候，眼睛不看邪恶的事物，耳朵不听淫邪的乐声，口不说狂傲和不善的言语，因此君子称太任能够做好胎教。古代的妇人怀孕之后，必须要对所感知的事物小心谨慎，感知善的就会善，感知恶的就会恶，不可不慎重。

中华传统伦理与当代道德建设

——《老人言》学习体会

刘余莉*

改革开放三十多年来，我国在经济建设方面取得了举世瞩目的成就，但是在精神文明建设和道德建设方面却出现了一些令人堪忧的问题，例如假冒伪劣充斥、贫富悬殊拉大、国有资产流失、食品安全堪忧、贪污腐败盛行、言路不够畅通等。这些问题已经成为影响社会和谐与长治久安的重要因素。学习《老人言》后才认识到，所有这些问题出现的根本原因，都在于人的道德败坏、见利忘义，甚至良心泯灭。换言之，是因为对中华传统伦理道德教育没有给予足够的重视所导致的。

一、社会腐败现象的根源在于人的道德素质

在改革开放和建设社会主义市场经济的过程中，我国出现了如上种种不尽人意的腐败现象。而与此相比，西方发达国家的问题似乎没有这样严重。因此，很多学者把目光投向了西方，认为只要把维护公平正义为目的的民主政治制度搬到中国，就可以解决中国

---

* 本文作者为中共中央党校教授、伦理学博士生导师。

的问题。但由于忽视了西方政治制度产生的文化背景，不可避免地出现了“异体移植”的弊端。

西方以维护公平正义为核心的政治制度是在宗教文化的传统中产生的。换言之，西方的政治制度维护公平正义，而仁慈博爱的道德情感是通过教会培养的。所以，事实上，西方人维护社会秩序是依靠“两手抓”：一手抓公平正义的政治制度，一手抓仁慈博爱的道德教育。但是我们在向西方学习的时候，却仅仅看到了其重视公平正义的政治制度建设的一面，而在很大程度上忽视了这种政治制度所得以建立的根，即一定程度的公民道德素质。所以即使可以把西方某些先进的制度搬到中国来，但是却并没有解决实际问题。例如：安利公司初到中国发展的时候，有一项全球通行的“无偿退款制度”，即顾客对产品不满意，可以拿着空瓶子到公司要求退款，而公司会把全部购货款退回。这项制度在任何其他西方国家奉行的时候，都没有任何问题，但是到中国的时候，却遇到了瓶颈：因为每一天公司都有排着长龙的用户拿着空瓶子到公司要求退款，最后迫使公司不得不改变了其全球通行的“无偿退款制度”。而这种现象在长期宗教教育下、以诚信为基本道德品质的西方国家却从来没有遇到过。

同样，把西方奉行的民主制度搬到我国某些乡村进行民主选举村干部的时候，也不可避免地出现了大量的贿选拉票、营私舞弊等现象，让民主选举都变了味。显然，这些问题的出现并不仅仅是制度问题，而更根本的是人的问题。正如《礼记·中庸》上记载孔子所言："其人存，则其政举；其人亡，则其政息。"如果领导者是高尚的、有道德的、有公心的人，无论是在何种制度下，都不会对社会、对单位造成太大的危害。例如，在改革开放初期，我国出现的"能人现象"就是如此：一个企业马上就要倒闭了，但只是换了一个领导者，结果在短时间内就把企业扭亏为盈。其实，这个所谓的"能人"，不仅是一个有能力的人，而且首先是一位有德的人，因为他不是想方设法地把国有资产据为私有，他所制定的政策、所采取的措施是为了整个企业的长远发展。诚如当代西方著名的伦理学家麦金泰尔所认为，无论道德原则有多么具体和完美，如果人们不具备道德品格或美德，这些原则就不会起作用。他说："无论美德与法律之间在其他方面有着怎样的紧密联系，对于法律的应用而言，它仅仅对那些拥有正义的美德的人才有可能发挥作用。"(见麦金泰尔《美德的追寻》，伦敦：Gerald Duckworth，1981年)。更进一步讲，公平的制度必须得有正义美德的人才能设计出来，而即使公平的制度设计出来了，也必须有正义美德的人才能实施到位。因此，道德建设的重点不是设计公平正义的制度或规则，而是要培养具有正义美德的人。

忽视道德教育而仅仅关注公平正义的制度设计，会导致两个结果：一是法律管辖之外的"反社会行为”比比皆是。“反社会行为”是指没有触犯法律但不道德的行为，如青少年吸毒、酗酒、卖淫、邻里纠纷、中学生以强凌弱现象。此外，离婚率上升、青少年犯罪率上升、青少年犯罪年龄越来越低更成为日益严重的社会问题。二是监狱以人满为患，政府以警察短缺为忧。严格的法律和监督机制可以把犯罪的人关进监狱，但并不能解决根本问题，如果缺乏伦理道德的教育，犯人们在监狱里学到的是更加狡诈的作案方式，一旦被释放出来，仍然会危害社会，所以西方社会出现了《老子》上所说的“法令滋彰，盗贼多有”的情形。显然，这些问题仅靠公平正义的制度是无法解决的。正如麦金泰尔在他的另一本著作《谁之正义？何种合理性?》中所质疑的：如果忽视了个体美德的培养，所谓的正义制度、正义规则是“谁之正义”呢？（见麦金泰尔《谁之正义？何种合理性?》，伦敦：Gerald Duckworth，1988 年）

这一点在《老人言》中被给予了精辟的阐述：“故法不能独立，得其人则存，失其人则亡。法者，治之端也；人者，治之源也。故有人（贤人君子），法虽省，足以遍矣；若无人，法虽具，足以乱矣。故明主急得其人也。得其人，则身逸而国治，功大而名美，若夫失人，则身劳而国乱，功废而名辱。”从这个意义上说，通过道德教育培养具有道德素质的人（特别是领导者）才是社会治乱的根本。也就是说，社会和谐与否，从根本上取决于人心的善良和行为的正当，即古人所谓“人心正则国治，人心邪则国乱”。《孟子·离娄上》也说：“是以惟仁者宜在高位。不仁而在高位，是播其恶于众也。”只有仁人应处于领导地位。不仁的人处于领导地位，就会把他的罪恶传播给广大的民众。

而德才兼备的领导者不是凭空出现的，必须靠教育才能培养出来。所以中国的文化传统不是一种宗教文化，而是一种伦理道德因果教育的文化，注重通过家庭教育、学校教育、社会教育、宗教教育等形式培养德才兼备的人作为官吏的候补，并进而从官吏的选拔、考核、监察、奖励、培训和管理制度上落实了“进贤受上赏，蔽贤蒙显戮”的主张，保证了德才兼备的人被选拔到领导职位上。换言之，它是在制度的设计中就同时兼顾了公平正义和仁慈博爱这两个方面。所以中国历史上的理想政治制度是圣贤政治，其结果是《老人言》上所讲：“贤君之治国，其政平，吏不苛，其赋敛节，其自奉薄，不以私善害公法，赏赐不加于无功，刑罚不施于无罪，害民者有罪，进贤者有赏，官无腐蠹之藏，国无流饿之民。”而废弃圣贤政治不用的结果，《老人言》上也有所说明：“君以世俗之所誉者为贤智，以世俗之所毁者为不肖，则多党者进，少党者退，是以群邪比周而蔽贤，忠臣死于无罪，邪臣以虚誉取爵位，是以乱世愈甚，故其国不免于危亡。”而这，似乎恰恰是民主制弊端活生生的写照。

在中国的历史上，虽然屡经改朝换代的动荡，但一旦政权建立，在一两年之内就能够恢复百姓安居乐业、社会和谐发展的局面，这绝非偶然，而是因为中华文化本身就是一种经世致用的文化。诚如《老人言》上讲："英人汤恩比言，解决二十一世纪社会问题，唯有中国孔孟学说与大乘佛法。孔孟孝、仁、敬、义存心，忠、恕为用；大乘真诚为体，慈、悲妙用。深信圣贤教育，能觉悟人性，唤醒人心，回头是岸。"

二、中国传统伦理道德教育的经验

目前我们的道德建设之所以没有达到预期的效果，主要是因为：我们没有虚心地从中国传统文化中汲取伦理道德教育的规律，因而导致了目前对道德教育的重视不够、对道德教育规律的理解不足，并进而使人们对道德教育丧失了信心。

我们对道德教育的重视不够，在现实生活中表现为：道德教育处于"谈起来重要，做起来次要，忙起来不必要"的尴尬地位。而中国传统社会的道德教育之所以能够奏效，是因为传统社会的道德教育接受了儒家的观念，并融合了道家和佛家的思想，切实做到了以下几点：

第一，高度重视道德教育，树立了道德教育的明确目标。中国传统社会对道德教育的重视，是从治国理念的高度来加以重视的。早在《礼记·学记》上就提出："建国君民，教学为先"。这就是说，建立一个政权和领导一国的老百姓，教育是至关重要的，而"教也者，长善而救其失者也"（《礼记·学记》)，教育的目的是使人的过失得以挽救，而使人的善良不断增长。强调了教育的先后次序一定是先学做人，后学做事，即先培养德行，后学习知识、技能，也就是《三字经》上说的"首孝弟，次见闻"。《老人言》上也讲，"礼义廉耻，国之四维。四维张，则君令行；四维不张，国乃灭亡。政之所行，在顺民心；政之所废，在逆民心。"只有教育办好了，人心得治了，伦理关系协调了，才能从根本上保证社会的长治久安。

第二，把道德教育视为一个由家庭教育、学校教育、社会教育和宗教教育构成的完整体系。中国古代的道德教育是一个完整体系：家庭教育是道德教育的开始（"育，养子使作善也"《说文解字》)；学校教育是家庭教育的延续（"大学之道，在明明德，在亲民，在止于至善"《大学》)；而社会教育是家庭教育的扩展，社会教育秉持了孔子提出的"思无邪"的理念。因此中国古代的文艺作品，不论音乐、歌舞、戏剧、诗词等等，无不是以宣扬道德、弘扬正气为主要内容，这样才能使社会的正气上升，邪气下降。在科学迅猛发展的今天，网络渗透到人生活中的方方面面，因此社会教育对人价值观的影响更是起着潜移默化的深远影响。所以我们的文化部门、新闻媒体，网际网络等，更应当承担起弘扬社会正气的责任，为倡导和树立正确的道德观营造良好的社会氛围。

中国古代的社会教育是由儒释道三家来共同承担的，其内容包括伦理（五伦：父子有亲，君臣有义，夫妇有别，长幼有序，朋友有信）道德（八德：孝悌忠信，礼义廉耻）因果（善有善报，恶有恶报）等方面，核心都是教导人们“诸恶莫作，众善奉行”。特别是因果教育，贯彻于儒释道三家教育之中，如《易经》的“积善之家，必有余庆，积不善之家，必有余殃”；《大学》的德本财末、“货悖而入者，亦悖而出”；《中庸》的“大德必得其位，必得其禄，必得其名，必得其寿”，皆属因果教育；而道家以讲因果报应为主题的《太上感应篇》、《文昌帝君阴骘文》、《关帝觉世经》更属于古代读书人的必读书；佛教讲因果通三世，把因果规律讲得更为彻底。中国历史上虽无西方意义上的宗教，但因社会国家大力提倡因果教育，使得“善有善报，恶有恶报，不是不报，报时未到”的观念深入人心，妇孺皆知，故人不敢胡作妄为，无法无天。这些都为形成淳朴向善的民风和达到社会的安定和谐起到了重要作用。

第三，采取了道德教育的有效方式，强调领导者的率先垂范。《说文解字》把“教”解释为“上所施，下所效”。儒家看到道德教育的有效方式是身体力行的感化而不是空洞的说教，因此特别强调了“正人先正己”、“身教胜于言教”，强调了作为国家和社会事务的管理者的领导人的道德示范作用。在这方面，

《老人言》中多次强调："善为国者，御民如父母之爱子，如兄之慈弟。见之饥寒，则为之哀；见之劳苦，则为之悲。""君不肖，则国危而民乱；君贤圣，则国家安而天下治。""福祸在君，不在天时"，"无伦常，无贵贱之礼，喜听谗用举，无功者赏，无德者富，无礼义，无忠信，无圣人，无贤士，无法度，无称衡，此国之大妖也。""吏暴虐，残贼、败法、乱行，而上下不觉，此亡国之时也。夫上好货，群臣好得，而贤者逃伏，其乱至矣。""圣哲君子，治之源也，官人守数，君子养源，故上好礼义，尚贤使能而无贪利之心，则下亦将綦辞让，致忠信而谨于臣子矣。故政令不繁而俗美。百姓顺上、守法、而安乐之矣。"可见，真正贤圣的国家领导人不仅是身体力行了礼义忠信的道德楷模，而且也是在治国理念上落实"建国君民，教学为先"的人。

第四，强调道德教育的先后次序，并把道德建设作为一项复杂的系统工程，通过各种制度建设保证推行道德教育。宋代的契嵩在《孝论》中讲："圣人之善，以孝为端；为善而不先其端，无善也。"这就是说，劝人为善的道德教育，应当从培养人的孝心开始。这是因为，孝的教育培养的是人的一种恩义、情义的情感。如果恩义、情义的处世原则培养不起来，就会形成一种以利害为取舍的处事原则，这样的人往往就会做出见利忘义或忘恩负义的事情来。因此，孔子的弟子有子说："其为人也孝悌，而好犯上作乱者，鲜矣”，《孝经》上也讲：“长幼顺故上下治”。可见，孝心一开，百善皆开。孝的教育是维持良好社会伦理秩序的根本。

而中国传统社会对孝亲观念的强化，就是通过各种制度保障的，规定“不孝”在法律上要受到处罚。《孝经·五刑章》有：“五刑之属三千，罪莫大于不孝”的说法，规定对不孝者要“斩首枭之”。北齐律首创“重罪十条”，而其中“不孝罪”为“十恶不赦”的罪名之一。唐律规定，骂祖父母与父母者要处以绞刑，殴者处以斩刑，从而对不孝的种种罪行作出了更具体的处罚。

在清朝，一个县发生了一件儿子杀父亲的逆伦事件，结果，不仅这个儿子被处死刑，县长因失职而被撤职查办，巡抚（相当于省长）也被记过。此外，皇帝亲自下令，把这个县的城墙拆掉一个角，因为在古人看来，一个县出了这样一个大逆不道的人，是这个县所有人的耻辱。这样的处分一作出来，就起到良好的警戒和教育作用，有利于形成人们明确的道德观念。

除了从法制方面强化推行道德教育以外，中国传统社会还通过建筑物的设计来有效地强化和实现伦理道德的教育，把伦理道德的教育潜移默化地渗透到人生活的各个方面。例如，民间的四合院建筑，正是为了便于实行中国传统家庭伦理和大家庭的生活。此外，在中国传统社会承担着重要道德教育功能的建筑物有三种：一是供奉祖宗的祠堂，它承担着教“孝”的功能，教导人知恩报恩，达到“慎终追远，民德归厚”的效果；二是供奉着至圣先师孔子的孔庙，它教人尊师重道，承担着道德教育的功能；三是供奉了阎王的城隍庙，城隍庙里面描绘了地狱的种种情景，让人明了“种瓜得瓜，种豆得豆”、“善有善报，恶有恶报”的因果报应关系，这有助于帮助人们形成内在的自律，使人从内心不敢去做坏事，承担着因果教育的功能。这种高度艺术化的社会教育，体现在传统建筑、雕塑、音乐、绘画、美术之中，成为道德教育的重要组成部分。

可见，中国古代对道德教育的重视，并不是空洞的道德说教，而是渗透在社会生活的方方面面。简单地讲，社会弘扬什么，就要通过制度激励什么；反对什么，就要通过制度约束什么。也就是说，道德教育与制度建设两者之间不是非此即彼、相互对立、相互矛盾的，而是相互促进、相辅相成的。

第五，着重培养每一个人“行有不得，反求诸己”的能力。古人说：“各相责，天翻地覆；各自责，天清地宁”。如今小至家庭夫妇之间的冲突，大至种族、国家之间的冲突，在很大程度上都是由于彼此只知道责怪对方，而不能够反躬自省导致的。所以只有从小教导人培养起“行有不得，反求诸己”的责任意识，遇到矛盾每个人都能首先反省自己的不足，而不是去指责对方，才能最终化解冲突和矛盾，维护社会和谐和世界和平。

古人持家治国，可谓“国有国法，家有家规”，但自“五四”运动以来，传统文化惨遭批判，家规大都被废弃，即使能够自我反省，也因无所凭依而看不到自己的过失，致使做人没有做人的准则，才导致人心悖逆、越理犯分之事层出不穷。所以，从恢复家规（《弟子规》是中国传统家规的集大成者）开始重视家庭母教，可以从小教会子女做人的规矩，也为社会大众提供了一个可以共同遵守的道德观。

三、关于进一步加强道德教育的具体建议

诚如净空老教授所言，唯有落实中华传统伦理道德因果教育，才能拯救人民心灵，化解冲突灾难，达到国泰民安、社会和谐、世界大同的结果。其中，国家重视是前提，领导垂范是关键，小区试验是模范，媒体配合是保证。

“建国君民，教学为先”，古人治国，道德教育实为首要。概观今日灾难繁多，矛盾冲突四起，人心惶惶无依，究其根本，都是因为忽视了道德教育所致。特别是中国社会发展至今，必须把精神文明建设和道德建设放在关系到党和国家生死存亡的高度来加以重视。

国家可以培养选拔五十位真正通达中华文化且德行兼优的教师，于中央电视台、各省市电视台、网络广播等各类传媒，日日宣讲中华传统伦理（父子有

亲，君臣有义，夫妇有别，长幼有序，朋友有信）道德（孝悌忠信，礼义廉耻，仁爱和平）的精神，使人羞于作恶；同时配以因果教育，令人不敢作恶。

要真正落实胡锦涛总书记提出的“德才兼备，以德为先”的人才选拔标准，领导者的选拔必须具备“孝廉”的条件，无论是党员入党，还是选拔领导者，首要条件即是“孝廉”。学校教育和党校课程当以伦常道德为主修课或必修课，国家领导人要率先参加中华传统伦理道德教育，为社会大众做出榜样示范。

办试点、办特区是我国经济建设和改革开放取得成功的重要经验之一。在弘扬中华伦理道德教育方面，也可以选择一个小镇、社区、学校、企业或监狱作为落实传统伦理道德教育的试验区，将其试验成果向全国乃至全球普遍宣扬。这种教育方式已经有成功的先例，如安徽省庐江县汤池镇“庐江中华文化教育中心”，以圣贤传统文化教育办班教学，仅仅三个月的时间，民风显著改善，成为“和谐社会，礼仪家邦”的成功试验实例（请参考《领导干部伦理课十三讲》第六讲《弘扬中华伦理道德，促进社会和谐发展——案例教学：以安徽庐江县汤池镇构建和谐社会为例》，中共中央党校出版社 2011 年版）。汤池的成功经验曾引起了国际瞩目，驻联合国教科文组织的各国大使纷纷想来参观学习。此外，海南省监狱管理局、吉林市松花江中学、北京汇通汇利技术开发有限公司、青岛大洲运动用品有限公司、菲尼克斯（亚洲）

投资有限公司、河北鑫华新锅炉制造有限公司等等，都在加强中华传统伦理道德教育方面积累了宝贵经验。这些试验区的成功，为我们通过弘扬中华文化、加强道德建设树立了信心。

2011年3月2日